# Le Chemin
# qui mène à Dieu

## The Way to God
(And How to Find It)

Dwight L. Moody

# Le Chemin
# qui mène à Dieu

### (Et comment s'y engager)

ANEKO
PRESS

Aneko Press

www.anekopress.com

Aneko Press, Life Sentence Publishing, and our logos are trademarks of
Life Sentence Publishing, Inc.
203 E. Birch Street
P.O. Box 652
Abbotsford, WI 54405

**RELIGION / Christian Living / Spiritual Growth**

Paperback ISBN: 979-8-88936-519-8
eBook ISBN: 979-8-88936-520-4

10   9   8   7   6   5   4   3   2   1

Visitez notre site pour voir d'autres livres
chrétiens classiques mis à jour.

# Contents

# Au lecteur

Dans ce petit ouvrage, j'ai tenté d'indiquer le chemin qui mène à Dieu. J'y ai inclus une grande partie de plusieurs sermons que j'ai prêchés dans différentes villes de Grande-Bretagne et de mon propre pays, les États-Unis. Dieu a béni ces sermons lorsque je les ai prêchés en chaire, et je prie pour qu'il les bénisse maintenant sous leur forme imprimée, accompagnés de quelques textes complémentaires.

J'attire d'abord l'attention sur l'amour de Dieu, source de tous les dons de sa grâce. Ensuite, je m'efforce de présenter des vérités adaptées aux besoins particuliers de différents groupes de personnes, en expliquant comment être en harmonie avec Dieu et en espérant conduire les âmes à celui qui est *le chemin, la vérité et la vie* (Jean 14:6).

Le dernier chapitre s'adresse particulièrement aux personnes qui sont revenues en arrière — une catégorie beaucoup trop nombreuse parmi nous.

Que par la bénédiction de Dieu sur ces pages, le

lecteur puisse être fortifié, établi et affermi dans la foi du Christ, voilà ma prière ardente et mon espoir.

Votre frère à son service,

*D. L. Moody.*

## Chapitre 1

# L'amour qui surpasse toute connaissance

*Connaître l'amour du Christ, qui surpasse toute connaissance* (Éphésiens 3:19).

Si je pouvais seulement faire comprendre aux gens le véritable sens des paroles de l'apôtre Jean — *Dieu est amour* —, je prendrais ce seul texte et parcourrais le monde pour proclamer cette glorieuse vérité. Si vous parvenez à convaincre quelqu'un que vous l'aimez, vous avez gagné son cœur. Si nous parvenons à convaincre les gens de croire que Dieu les aime, nous les verrons affluer au royaume des cieux. Le problème, c'est que les gens pensent que Dieu les déteste, et donc ils le fuient constamment.

Il y a quelques années, nous avons construit une église à Chicago et nous étions très désireux d'enseigner l'amour de Dieu aux fidèles. Nous pensions que si nous ne pouvions pas le prêcher dans leur cœur, nous essaierions de le mettre en valeur autrement ; nous avons donc placé ces mots au-dessus de la chaire : *Dieu est amour*. Un soir, un homme qui marchait dans la rue a jeté un coup d'œil par la porte et a vu le texte. C'était un pauvre enfant prodigue qui s'était éloigné de Dieu. En passant, il a pensé : *Dieu est amour ! Non ! Il ne m'aime pas, parce que je ne suis pas quelqu'un de bien*. Il a essayé de chasser le texte de son esprit, mais il avait l'impression qu'il s'y dessinait en lettres de feu. Il a continué un peu son chemin, puis a fait demi-tour, est revenu et est entré dans la salle de réunion.

Il n'a pas entendu le sermon, mais les paroles de ce court texte étaient profondément gravées dans son cœur, et cela lui suffisait. Peu importe ce que disent les hommes, pourvu que la Parole de Dieu pénètre dans le cœur du pécheur. Cet homme est resté après la première réunion, et je l'ai trouvé là, pleurant comme un enfant. Je lui ai présenté les Saintes Écritures et lui ai dit que Dieu l'avait toujours aimé, malgré son éloignement, et qu'il attendait de le recevoir et de lui pardonner. La lumière de l'Évangile a illuminé son esprit, et il est reparti comme un homme nouveau, en se réjouissant de l'amour de Jésus-Christ.

Il n'y a rien au monde que l'on apprécie autant que l'amour. Montrez-moi un être humain qui n'a personne pour prendre soin de lui ou l'aimer, et je vous dirai que c'est l'un des êtres les plus malheureux de la planète. Pourquoi les gens se suicident-ils ? Très souvent, c'est parce que cette pensée les envahit : personne ne les aime et ils préfèrent mourir plutôt que vivre.

Je ne connais aucune vérité dans toute la Bible qui devrait nous atteindre avec autant de force et de tendresse que celle de l'amour de Dieu, et il n'y a aucune vérité dans la Bible que Satan aimerait autant effacer. Depuis plus de six mille ans, il tente de persuader les gens que Dieu ne les aime pas. Il a réussi à faire croire ce mensonge à nos premiers parents, et il y parvient trop souvent avec leurs enfants.

L'idée que Dieu ne nous aime pas provient souvent d'un faux enseignement. Les parents commettent l'erreur d'enseigner à leurs enfants que Dieu ne les aime que lorsqu'ils font le bien, mais pas lorsqu'ils font le mal. Vous ne dites pas à vos enfants que vous les détestez lorsqu'ils font le mal. Leurs mauvaises actions ne transforment pas votre amour en haine ; si c'était le cas, vous les détesteriez bien souvent au lieu de les aimer. Quand votre enfant est grincheux ou a commis un acte de désobéissance, vous ne le rejetez pas comme s'il ne vous appartenait pas ! Non ! C'est toujours votre enfant et vous l'aimez. Si certains se sont éloignés de Dieu, cela ne signifie pas qu'il les déteste. C'est le mal, l'absence de repentance, la méchanceté qu'il déteste. Il est écrit : *Mais voici comment Dieu prouve son amour envers nous : alors que nous étions encore des pécheurs, Christ est mort pour nous* (Romains 5:8). *Nous l'aimons, parce qu'il nous a aimés le premier* (1 Jean 4:19).

Je crois que si beaucoup de gens pensent que Dieu ne les aime pas, c'est parce qu'ils jugent Dieu à leur propre petite échelle, de leur propre point de vue. Nous aimons les autres tant que nous les considérons dignes de notre amour ; lorsqu'ils ne le sont pas, nous les rejetons. Il n'en va pas de même pour Dieu. Il y a une grande différence entre l'amour humain et l'amour divin.

Éphésiens 3:18 nous parle de la largeur, de la longueur, de la profondeur et de la hauteur de l'amour de Dieu. Beaucoup d'entre nous pensent connaître quelque chose de cet amour, mais dans des siècles, nous admettrons n'en connaître qu'une infime partie. Christophe Colomb a découvert l'Amérique, mais que savait-il de ses grands lacs, de ses fleuves, de ses forêts et de la vallée du Mississippi ? Il est mort sans savoir grand-chose de ce qu'il avait découvert. De même, beaucoup d'entre nous ont découvert quelque chose de l'amour de Dieu, mais il y a des hauteurs, des profondeurs et des longueurs que nous ignorons. Cet amour est un vaste océan, et nous devons nous y plonger avant d'en connaître vraiment quelque chose.

On a rapporté que l'archevêque de Paris[1] avait été jeté en prison et condamné à mort. Peu avant d'être conduit à la mort, il a aperçu dans sa cellule une fenêtre en forme de croix. Au sommet de la croix, il a écrit « hauteur », en bas « profondeur » et au bout de chaque bras, « longueur ». Il avait ressenti la vérité exprimée dans l'hymne d'Isaac Watts :

Quand je contemple la merveilleuse croix
    sur laquelle le Prince de gloire est mort,
je considère mon plus grand gain comme une perte,
    et je verse du mépris sur tout mon orgueil.

---

1    Il s'agit de Mgr Georges Darboy, fusillé par les Communards le 24 mai 1871.

Seigneur, ne me laisse pas me glorifier,
    sinon de la mort du Christ mon Dieu !
Toutes les choses vaines qui me charment le plus,
    je les sacrifie à son sang.

Voyez de sa tête, de ses mains, de ses pieds,
    la tristesse et l'amour couler mêlés !
Un tel amour et une telle tristesse se sont-ils jamais
        rencontrés,
    ou des épines ont-elles composé une couronne
        aussi précieuse ?

Si tout le royaume de la nature était à moi,
    ce serait un cadeau bien trop petit ;
un amour si étonnant, si divin,
    exige mon âme, ma vie, mon être tout entier.

Si nous désirons connaître l'amour de Dieu, nous devrions aller au Calvaire. Pouvons-nous contempler cette scène et dire que Dieu ne nous a pas aimés ? Cette croix parle de l'amour de Dieu. On n'a jamais enseigné un plus grand amour que celui que la croix enseigne. Qu'est-ce qui a poussé Dieu à abandonner le Christ et le Christ à mourir, si ce n'est l'amour ? Il est écrit : *Il n'y a pas de plus grand amour que de donner votre vie pour vos amis* (Jean 15:13). Le Christ a donné sa vie pour ses ennemis. Le Christ a donné sa vie pour ses meurtriers. Le Christ a donné sa vie pour ceux qui le haïssaient. L'esprit de la croix, l'esprit du Calvaire, c'est l'amour. Lorsqu'ils se moquaient de lui et le tournaient en dérision, que disait-il ? *Père, pardonne-leur, car ils ne savent pas ce qu'ils font* (Luc 23:34). Voilà ce qu'est l'amour. Il n'a pas fait descendre le feu du ciel pour les consumer ; il n'y avait que de l'amour dans son cœur.

## L'amour de Dieu est immuable

Si vous étudiez la Bible, vous découvrirez que l'amour de Dieu est immuable. Nombreux sont ceux qui vous ont aimé autrefois et qui se sont peut-être refroidis puis se sont détournés de vous : leur amour s'est peut-être transformé en haine. Il n'en est pas de même pour Dieu. Les Saintes Écritures rapportent que Jésus-Christ, alors qu'il était sur le point d'être séparé de ses disciples et emmené au Calvaire, *ayant aimé ceux qui lui appartenaient dans le monde, les aima jusqu'à l'extrême* (Jean 13:1). Il savait qu'un de ses disciples le trahirait, et pourtant il aimait Judas. Il savait qu'un autre disciple le renierait et jurerait ne jamais l'avoir connu, et pourtant il aimait Pierre. Le Christ avait pour Pierre un amour qui a brisé le cœur de l'apôtre et qui l'a ramené repentant aux pieds de son Seigneur. Pendant trois ans, Jésus était resté avec ses disciples en leur enseignant son amour, non seulement par sa vie et ses paroles, mais aussi par ses actions. La nuit où il a été trahi, il a pris une bassine d'eau, s'est enveloppé d'une serviette, a pris la place d'un serviteur et leur a lavé les pieds. Il voulait les convaincre de son amour immuable.

Il n'y a aucun passage des Écritures que je lise aussi souvent que Jean 14, et il n'y en a aucun que j'aime autant. Je ne me lasse jamais de le lire. Écoutez ce que dit notre

Seigneur, alors qu'il ouvre son cœur à ses disciples : *Ce jour-là, vous saurez que je suis en mon Père, que vous êtes en moi et moi en vous. Celui qui a mes commandements et qui les garde, c'est celui qui m'aime ; celui qui m'aime sera aimé de mon Père* (Jean 14:20-21). Pensez au grand Dieu qui a créé le ciel et la terre en nous aimant, vous et moi ! Il est écrit : *Si quelqu'un m'aime, il gardera ma parole, et mon Père l'aimera, nous viendrons vers lui et nous établirons domicile chez lui* (Jean 14:23).

Si seulement nos esprits fragiles pouvaient saisir cette grande vérité : le Père et le Fils nous aiment à un tel point qu'ils désirent venir habiter chez nous ! Non pas pour une nuit, mais pour venir habiter dans nos cœurs.

Nous lisons un autre passage merveilleux dans Jean 17:23 : *Moi en eux et toi en moi, afin qu'ils soient parfaitement un et qu'ainsi le monde reconnaisse que tu m'as envoyé et que tu les as aimés comme tu m'as aimé.* Je pense que c'est l'une des paroles les plus remarquables jamais prononcées par Jésus-Christ. Il n'y a aucune raison pour que le Père ne l'aime pas. Il a été obéissant jusqu'à la mort. Il n'a jamais transgressé la loi du Père ni dévié d'un cheveu du chemin de l'obéissance parfaite. Il en va tout autrement pour nous, et pourtant, malgré toute notre rébellion et notre folie, il dit que si nous mettons notre confiance en Christ, le Père nous aime comme il aime le Fils. Quel amour prodigieux ! Quel amour merveilleux ! Que Dieu puisse nous aimer comme il aime son propre Fils semble trop beau pour être vrai, et pourtant c'est ce qu'enseigne Jésus-Christ.

Il est difficile de faire accepter à un pécheur cet amour immuable de Dieu. Lorsqu'une personne s'éloigne de Dieu, elle pense que Dieu la déteste. Il faut faire la distinction entre le péché et le pécheur. Dieu aime le pécheur, mais il déteste le péché. Il déteste le péché parce que celui-ci gâche la vie des êtres humains. C'est parce que Dieu aime le pécheur qu'il déteste le péché.

## L'amour de Dieu est infaillible

L'amour de Dieu n'est pas seulement immuable, il est également infaillible. Dans Ésaïe 49:15-16, nous lisons : *Une femme oublie-t-elle l'enfant qu'elle allaite ? N'a-t-elle pas compassion du fils qui est sorti de son ventre ? Même si elle l'oubliait, moi je ne t'oublierai jamais. Vois ! Je t'ai gravée sur mes mains. Tes murailles, Jérusalem, sont constamment devant moi.*

L'amour humain le plus fort que nous connaissions est celui d'une mère. Bien des choses peuvent séparer un homme de sa femme. Un père peut tourner le dos à son enfant. Des frères et sœurs peuvent devenir des ennemis jurés. Des maris peuvent abandonner leurs femmes et des femmes peuvent abandonner leurs maris, mais l'amour d'une mère perdure. Son enfant peut avoir bonne ou mauvaise réputation, il peut être condamné par tout le monde, une mère continue de l'aimer et espère qu'il se détournera de ses mauvais penchants et se repentira. Elle se souvient des sourires du nourrisson, des rires joyeux de l'enfance, des promesses de la jeunesse ; elle ne peut jamais le croire indigne. La mort ne peut éteindre l'amour d'une mère ; il est plus fort que la mort.

Vous avez vu une mère veiller sur son enfant malade.

Avec quelle joie elle accepterait d'être malade si son enfant pouvait guérir ! Semaine après semaine, elle veillera sur lui ; elle ne laissera personne d'autre s'occuper de cet enfant malade.

Il y a quelque temps, un de mes amis était en visite dans une belle maison où il a rencontré plusieurs amis. Après leur départ, comme il avait oublié quelque chose, il est retourné le chercher. Il y a trouvé la maîtresse de maison, une dame riche, assise derrière un pauvre gars qui ressemblait à un vagabond. C'était son propre fils. Tel le fils prodigue, il s'était éloigné, et pourtant la mère a dit : « C'est mon fils ; je l'aime toujours. » Prenez une mère de neuf ou dix enfants : si l'un d'eux s'égare, elle semble l'aimer plus que tous les autres.

Un pasteur éminent de l'État de New York m'a un jour parlé d'un père qui se comportait très mal. La mère a tout fait pour empêcher son fils de suivre le mauvais chemin de son père, mais l'influence du père était la plus forte. Il a entraîné son fils dans toutes sortes de mauvaises actions, jusqu'à ce que le garçon devienne l'un des pires criminels. Il a commis un meurtre et a été jugé. Pendant tout le procès, la mère, veuve (car le père était décédé), a été présente au tribunal. Lorsque les témoins ont déposé contre le garçon, la mère a semblé beaucoup plus meurtrie que le fils. Lorsqu'il a été reconnu coupable et condamné à mort, tous ont trouvé que le verdict était juste et ont semblé satisfaits du résultat. Mais l'amour de la mère n'a jamais faibli. Elle a imploré un sursis, qui lui a été refusé. Après l'exécution, elle a demandé le corps de son fils pour pouvoir l'enterrer, ce qui lui a également été refusé. Selon la coutume, il a été enterré dans la cour de la prison. Peu de temps après, la mère elle-même est morte, mais avant de mourir, elle a exprimé le désir d'être enterrée aux côtés de son fils. Elle n'avait pas honte d'être connue comme la mère d'un meurtrier.

On raconte aussi l'histoire d'une jeune femme écossaise qui a quitté son foyer et est devenue une marginale à Glasgow. Sa mère l'a cherchée partout, mais en vain. Finalement, elle a fait accrocher sa propre photo aux murs des chambres de la Mission de Minuit, où logeaient parfois des femmes en détresse. Beaucoup d'entre elles ont jeté un coup d'œil à la photo, mais une jeune femme s'est attardée près du portrait. Elle a reconnu le même cher visage qui la contemplait de haut dans son enfance. La mère n'avait ni oublié ni rejeté son enfant égarée, sinon son portrait n'aurait jamais été accroché sur ces murs. Les lèvres de sa mère lui ont semblé s'ouvrir et murmurer : « Reviens à la maison ; je te pardonne et je t'aime toujours. » La pauvre fille s'est effondrée, submergée par ses émotions. Elle était la fille prodigue. La vue du visage de sa mère lui avait brisé le cœur. Elle s'est repentie sincèrement de ses erreurs et, le cœur empli de chagrin et de honte, elle est retournée dans le foyer qu'elle avait abandonné, et mère et fille ont été à nouveau réunies.

Mais laissez-moi vous dire qu'aucun amour maternel n'est comparable à l'amour de Dieu ; il n'atteint ni la hauteur ni la profondeur de l'amour de Dieu. Aucune mère au monde n'a jamais aimé son enfant comme Dieu nous aime, vous et moi. Pensez à l'amour que Dieu a dû avoir lorsqu'il a livré son Fils à la mort pour le monde. Autrefois, j'avais une bien plus grande estime pour le Christ que pour le Père. Sans trop savoir comment l'idée m'était venue, je croyais que Dieu était un juge sévère et que le Christ s'était interposé entre moi et Dieu pour apaiser sa colère. Mais après être devenu père et avoir eu un fils unique pendant des années, en regardant mon fils, j'ai pensé au Père livrant son Fils à la mort, et il m'a semblé qu'il avait fallu plus d'amour au Père pour donner son Fils qu'au Fils pour accepter de mourir.

Oh, quel amour Dieu a dû avoir pour le monde lorsqu'il a donné son Fils pour mourir pour l'humanité ! Il est écrit : *Dieu a tant aimé le monde qu'il a donné son Fils unique, afin que quiconque croit en lui ne périsse pas mais ait la vie éternelle* (Jean 3:16). Je n'ai jamais pu prêcher à partir de ce texte. J'y ai souvent pensé, mais il est si élevé que je ne pourrai jamais me hisser à sa hauteur. Je n'ai fait que le citer et je suis passé à autre chose. Qui peut sonder la profondeur de ces mots : *Dieu a tant aimé le monde* ? Nous ne pourrons jamais gravir les sommets de son amour ni en sonder les profondeurs. Paul a prié pour connaître la hauteur, la profondeur, la longueur et la largeur de l'amour de Dieu, mais cela dépassait ses capacités. Cela *surpasse toute connaissance* (Éphésiens 3:19).

Rien ne nous parle mieux de l'amour de Dieu que la croix du Christ. Venez avec moi au Calvaire et contemplez le Fils de Dieu pendu à cet endroit. Pouvez-vous entendre ce cri déchirant s'échapper de ses lèvres mourantes : *Père, pardonne-leur ; car ils ne savent pas ce qu'ils font* (Luc 23:34) et dire qu'il ne vous aime pas ? Il est écrit : *Il n'y a pas de plus grand amour que de donner votre vie pour vos amis* (Jean 15:13). Mais Jésus-Christ a donné sa vie pour ses ennemis.

J'ajouterai cette autre pensée : il nous a aimés bien avant que nous pensions à lui. L'idée qu'il ne nous aime pas tant que nous ne l'aimons pas d'abord ne se trouve pas dans les Écritures. Dans 1 Jean 4:10, il est écrit : *Et cet amour consiste non pas dans le fait que nous, nous avons aimé Dieu, mais dans le fait que lui nous a aimés et a envoyé son Fils comme victime expiatoire pour nos péchés.* Il nous a aimés avant même que nous pensions à l'aimer. Vous avez aimé vos enfants avant qu'ils ne connaissent votre amour. Ainsi, bien avant que nous pensions à Dieu, nous étions dans ses pensées.

Qu'est-ce qui a ramené le fils prodigue chez lui ? La pensée que son père l'aimait. Supposons qu'il ait appris qu'il avait été rejeté et que son père ne se souciait plus de lui ; serait-il revenu ? Jamais ! Mais la pensée lui est venue que son père l'aimait toujours ; alors il s'est levé et est retourné chez lui.

Cher lecteur, l'amour du Père devrait nous ramener à lui. C'est la situation dramatique et le péché d'Adam qui ont révélé l'amour de Dieu. Lorsqu'Adam a chuté, Dieu est descendu vers lui et l'a traité avec miséricorde. Si quelqu'un est perdu, ce ne sera pas parce que Dieu ne l'aime pas, mais parce que cette personne aura résisté à son amour.

Qu'est-ce qui rendra le paradis attrayant ? Des portes de nacre ou une rue pavée d'or ? Non. Le paradis sera attrayant parce que nous y contemplerons celui qui nous a tant aimés qu'il a donné son Fils unique pour mourir pour nous. Qu'est-ce qui rend un foyer attrayant ? Les beaux meubles et les pièces superbes ? Non. Certaines maisons, avec tout cela, ressemblent à de magnifiques tombeaux. À Brooklyn, une mère était mourante, et il a fallu lui enlever son enfant, car la petite ne comprenait pas la nature de la maladie de sa mère et ne voulait jamais la laisser seule. Chaque nuit, l'enfant s'endormait chez un voisin en sanglotant, car elle voulait retourner chez sa mère ; mais l'état de celle-ci empirait, et il n'a pas été possible de ramener sa fille à la maison. Finalement, la mère est morte. Ensuite, on a pensé qu'il valait mieux ne pas laisser l'enfant voir sa mère morte dans son cercueil. Après l'enterrement, l'enfant a couru dans une pièce en criant : « Maman ! Maman ! » puis dans une autre en criant : « Maman ! Maman ! » et elle a parcouru ainsi toute la maison. Lorsque la petite fille a vu qu'elle n'y retrouvait pas celle qu'elle aimait, elle a pleuré pour être ramenée chez les voisins. Sans la mère, la maison n'avait plus d'attrait. Voilà ce qui rend le ciel attrayant, c'est la pensée que nous y verrons Jésus-Christ, qui nous a aimés et s'est donné pour nous.

Si vous me demandez pourquoi Dieu nous aime, je ne saurais vous le dire. Je suppose que c'est parce que c'est un vrai Père. Aimer est dans sa nature, comme briller est dans la nature du soleil. Il veut que vous partagiez cet amour. Ne laissez pas l'incrédulité vous éloigner de lui. Ne pensez pas que, parce que vous êtes pécheur, Dieu ne vous aime pas ou ne se soucie pas de vous. Il vous aime ! Il veut vous sauver et vous bénir.

Il est écrit : *En effet, alors que nous étions encore sans force, Christ est mort pour des pécheurs au moment fixé* (Romains 5:6). Cela ne suffit-il pas à vous convaincre qu'il vous aime ? Il ne serait pas mort pour vous s'il ne vous avait pas aimé. Votre cœur est-il si endurci que vous puissiez vous révolter contre son amour, le rejeter et le mépriser ? Vous *pouvez* le faire, mais ce sera à vos risques et périls.

J'imagine que certains se disent : « Oui, nous croyons que Dieu nous aime, si nous l'aimons ; nous croyons que Dieu aime les personnes pures et saintes. » Permettez-moi de dire, cher lecteur, que non seulement Dieu aime les personnes pures et saintes, mais il nous aime aussi lorsque nous sommes encore impies. Il est écrit : *Mais voici comment Dieu prouve son amour envers nous : alors que nous étions encore des pécheurs, Christ est mort pour nous* (Romains 5:8). Dieu l'a envoyé mourir pour les péchés du monde. Si vous appartenez au monde, vous pouvez avoir largement part à cet amour manifesté par la croix du Christ.

Apocalypse 1:5 a une grande signification pour moi : *À celui qui nous aime, qui nous a lavés de nos péchés par son sang...* On pourrait penser que Dieu nous laverait d'abord, puis nous aimerait. Mais non, il nous a d'abord aimés. Il y a environ huit ans, tout le pays était en effervescence à propos de Charlie Ross, un enfant de quatre ans qui avait été kidnappé. Deux hommes dans une calèche lui ont demandé, ainsi qu'à son frère aîné, s'ils voulaient des bonbons. Ils sont ensuite partis avec le plus jeune garçon en abandonnant l'aîné. Pendant de nombreuses années, des recherches ont été menées dans chaque État et chaque territoire. Des hommes sont allés en Grande-Bretagne, en France et en Allemagne et ont cherché l'enfant en vain. La mère vit toujours dans l'espoir de revoir son Charlie, perdu depuis longtemps. Je ne me souviens pas que le pays tout entier ait été aussi perturbé par un événement, si ce n'est l'assassinat du président Garfield.

Imaginez que la mère de Charlie Ross soit assise sur l'estrade lors d'une réunion et que, pendant que le prédicateur parle, elle regarde par hasard dans l'auditoire et aperçoive son fils perdu depuis longtemps. Supposons qu'il soit pauvre, sale et en haillons, pieds nus et sans manteau ; que ferait-elle ? Attendrait-elle qu'il soit lavé et décemment vêtu avant de l'embrasser ? Non, elle descendrait immédiatement de l'estrade, se précipiterait vers lui et le prendrait dans ses bras. Après cela, elle le laverait et l'habillerait. Il en est de même avec Dieu. Il nous a aimés et nous a lavés. J'imagine quelqu'un demander : « Si Dieu m'aime, pourquoi ne me rend-il pas bon ? » Dieu veut des fils et des filles au ciel ; il ne veut ni machines ni esclaves. Il pourrait briser nos cœurs obstinés, mais il veut nous attirer à lui par les liens de l'amour.

Il veut que vous vous asseyiez avec lui au festin des noces de l'Agneau. Il veut vous laver et vous rendre plus blanc que neige. Il veut que vous marchiez avec lui sur les pavés de cristal du ciel — ce monde lointain et bienheureux. Il veut vous adopter dans sa famille et faire de vous un fils ou une fille du ciel. Foulerez-vous son amour aux pieds, ou vous donnerez-vous à lui dès maintenant ?

Alors que la terrible guerre de Sécession faisait rage,

une mère a appris que son fils avait été blessé lors de la bataille de la Wilderness. Elle a pris le premier train et est partie le voir, malgré l'ordre du ministère de la Guerre interdisant aux femmes de se rendre sur le front. Mais l'amour maternel ignore les ordres ; c'est donc à force de larmes et de supplications qu'elle a réussi à traverser les lignes. Elle est enfin arrivée à l'hôpital où se trouvait son fils. Elle est alors allée voir le médecin et lui a dit : « Est-ce que vous me permettez d'aller dans la salle et de m'occuper de mon fils ? »

Le médecin a dit : « Je viens d'endormir votre garçon ; il est dans un état critique, et j'ai peur que si vous le réveillez, l'émotion soit si grande qu'elle le tue. Vous feriez mieux d'attendre un peu et de rester dehors jusqu'à ce que je lui annonce votre arrivée ; laissez-moi lui annoncer la nouvelle progressivement. »

La mère a regardé le médecin dans les yeux et lui a dit : « Docteur, imaginez que mon fils ne se réveille pas et que je ne le revoie plus jamais vivant ! Laissez-moi aller m'asseoir à ses côtés ; je ne lui parlerai pas. »

« Si vous ne lui parlez pas, vous pouvez y aller », a dit le docteur.

Elle s'est glissée jusqu'au lit et a regardé son fils. Elle avait tellement désiré le voir ! Comme ses yeux semblaient se délecter en contemplant son visage ! Lorsqu'elle s'est trouvée suffisamment près, elle n'a pu s'empêcher de poser sa main tendre et aimante sur son front. Au moment où sa main a touché le front de son fils, sans même qu'il ouvre les yeux, il s'est écrié : « Maman, tu es là ! » Il connaissait le contact de cette main aimante. Il y avait de l'amour et de la compassion en elle.

Si vous ressentez le contact affectueux de Jésus, vous le reconnaîtrez ; il est plein de tendresse. Le monde peut vous traiter avec cruauté, mais le Christ ne le fera jamais. Vous n'aurez jamais de meilleur ami dans ce monde. Ce dont vous avez besoin, c'est de venir à lui aujourd'hui. Laissez son bras aimant vous soutenir ; laissez sa main aimante vous entourer. Il vous soutiendra avec une puissance immense. Il vous gardera et remplira votre cœur de sa tendresse et de son amour.

J'imagine que certains d'entre vous se demandent : « Comment puis-je aller à lui ? » Tout comme vous iriez à votre mère. Avez-vous fait un grand tort à votre mère ? Si oui, allez vers elle et dites-lui : « Maman, je voudrais que tu me pardonnes. » Agissez avec le Christ de la même manière. Allez à lui aujourd'hui et dites-lui que vous ne l'avez pas aimé, que vous ne l'avez pas bien traité ; confessez vos péchés et voyez avec quelle rapidité il vous bénira.

Je me souviens d'un autre cas : celui d'un garçon qui avait été jugé en cour martiale et condamné à être fusillé. Le père et la mère ont été brisés en apprenant la nouvelle. Dans cette maison se trouvait une petite fille. Elle avait lu la vie d'Abraham Lincoln et elle avait dit : « Si Abraham Lincoln savait combien mon père et ma mère aiment leur fils, il ne laisserait pas mon frère être fusillé. » Elle souhaitait que son père se rende à Washington pour plaider en sa faveur. Mais le père a répondu : « Non, c'est inutile ; la loi doit suivre son cours. Ils ont refusé de gracier un ou deux hommes condamnés par cette cour martiale, et un ordre a été émis interdisant au président d'intervenir à nouveau ; si un homme a été condamné par une cour martiale, il doit en subir les conséquences. » Ce père et cette mère n'avaient pas la foi nécessaire pour croire que leur fils pourrait être gracié.

Mais la petite fille était pleine d'espoir ; elle a pris le train dans le Vermont et est allée à Washington. Quand elle est arrivée à la Maison-Blanche, les soldats ont refusé de la laisser entrer, mais elle leur a raconté sa triste histoire et ils l'ont laissée passer. Quand elle est arrivée au bureau du secrétaire particulier du président, celui-ci lui a refusé l'accès au bureau privé du président. Mais la petite fille lui a raconté son histoire, et le secrétaire particulier a été si profondément touché qu'il l'a laissée entrer. Lorsqu'elle est entrée dans le bureau d'Abraham Lincoln, des sénateurs, des généraux, des gouverneurs et des personnalités politiques des États-Unis étaient présents pour discuter d'affaires importantes concernant la guerre. Mais le président Lincoln a aperçu cette enfant debout à sa porte. Il a voulu savoir ce qu'elle voulait, et elle est allée droit à lui et lui a raconté son histoire avec ses mots. Abraham Lincoln était père, et de grosses larmes ont coulé sur ses joues. Il a rédigé une dépêche et l'a envoyée à l'armée pour faire venir immédiatement le garçon à Washington. Quand celui-ci est arrivé, le président l'a gracié, lui a accordé trente jours de congé et l'a renvoyé chez lui avec la petite fille pour réjouir le cœur de son père et de sa mère.

Voulez-vous savoir comment aller vers le Christ ? Allez-y comme cette petite fille est allée vers Abraham Lincoln. Il se peut que vous ayez une histoire triste à raconter. Laissez-la sortir ; ne gardez rien pour vous. Si Abraham Lincoln a eu compassion de cette petite fille, a entendu sa requête et y a répondu, pensez-vous que le Seigneur Jésus n'entendra pas votre prière ? Pensez-vous qu'Abraham Lincoln, ou tout autre homme ayant vécu sur terre, ait eu autant de compassion que le Christ ? Non ! Il sera ému de compassion là où personne d'autre ne le sera. Il aura pitié là où personne d'autre ne le fera. Si vous allez directement à lui, en confessant vos péchés et vos besoins, il vous sauvera.

Il y a quelques années, un homme a quitté l'Angleterre pour l'Amérique. C'était un Anglais, mais naturalisé américain. Après quelques années, inquiet et insatisfait, il est parti pour Cuba. Après un certain temps à Cuba, la guerre civile a éclaté. C'était en 1867, et l'homme a été arrêté par le gouvernement espagnol qui l'a accusé d'être un espion. Il a été jugé en cour martiale, reconnu coupable et condamné à mort. Tout le procès s'est déroulé en espagnol, et le pauvre homme ignorait tout de ce qui se passait.

Lorsqu'on lui a annoncé le verdict qui le déclarait coupable et le condamnait à mort, il a envoyé un message aux ambassades américaine et anglaise pour leur exposer l'affaire, en prouvant son innocence et en réclamant leur protection. Après examen, ils ont conclu que cet homme, condamné à mort par les officiers espagnols, était parfaitement innocent. Ils sont allés trouver le général espagnol et lui ont dit : « Écoutez, cet homme que vous avez condamné à mort est innocent ; il n'est pas coupable. »

Mais le général espagnol a déclaré : « Il a été jugé selon notre loi. Il a été reconnu coupable et doit mourir. » Il n'y avait pas de câble électrique pour envoyer un télégramme, et ces hommes ne pouvaient donc pas consulter leurs gouvernements.

Le matin est arrivé où l'homme devait être exécuté. On l'a transporté dans une charrette, assis sur son cercueil, et on l'a conduit au lieu de son exécution. Une tombe a été creusée. On a sorti le cercueil de la charrette, on y a déposé le jeune homme et on lui a rabattu une cagoule noire sur le visage. Les soldats espagnols ont attendu l'ordre de tirer, mais juste à ce moment-là, les consuls américain et anglais sont arrivés. Le consul anglais a sauté de la voiture, a pris l'Union Jack, le drapeau britannique, et en a enveloppé l'homme. Le consul américain l'a enveloppé du Star-Spangled Banner ; puis, se tournant vers les officiers espagnols, ils ont dit : « Tirez sur ces drapeaux si vous l'osez. » Ils n'ont pas osé tirer sur les drapeaux. Pourquoi ? Parce qu'il y avait deux grands gouvernements derrière ces drapeaux.

Il est écrit : *Il m'a fait entrer dans la maison du vin, et l'étendard qu'il déploie au-dessus de moi, c'est l'amour... Que sa main gauche soutienne ma tête et que de sa main droite il m'enlace !* (Cantique des Cantiques 2:4, 6). Remercions Dieu, nous pouvons nous placer sous son étendard aujourd'hui si nous le voulons. Tout pécheur malheureux peut se placer sous cet étendard aujourd'hui. Son étendard d'amour est sur nous. Béni soit l'Évangile ; bénie soit cette précieuse nouvelle. Croyez-la aujourd'hui ; recevez-la dans votre cœur et entrez dans une vie nouvelle. Que l'amour de Dieu soit répandu dans votre cœur par le Saint-Esprit aujourd'hui (Romains 5:5). Il chassera les ténèbres. Il chassera l'obscurité. Il chassera le péché, et vous aurez en vous la paix et la joie.

# Chapitre 2

# La porte d'entrée du Royaume

*À moins de naître de nouveau, personne ne
peut voir le royaume de Dieu* (Jean 3:3).

Ce passage est peut-être le passage de la Parole de Dieu qui nous est le plus familier. Je suppose que si je demandais à un auditoire s'il croit que Jésus-Christ enseignait la doctrine de la nouvelle naissance, les neuf dixièmes répondraient : « Oui, je crois qu'il l'a fait. »

Les mots de ce texte renferment l'une des questions les plus solennelles qui puissent nous être posées. Nous pouvons nous permettre d'être trompés sur bien des points, mais pas sur celui-ci. Le Christ l'exprime très clairement. Il dit : *À moins de naître de nouveau, personne ne peut voir le royaume de Dieu.* Cette doctrine de la nouvelle naissance est donc le fondement de toutes nos espérances pour le monde à venir. C'est véritablement l'ABC de la religion chrétienne. Mon expérience m'a appris que si quelqu'un est insuffisamment convaincu par cette doctrine, il sera insuffisamment convaincu par presque toutes les autres doctrines fondamentales de la Bible. Une véritable compréhension de ce sujet aidera à résoudre mille difficultés que l'on peut rencontrer dans la Parole de Dieu. Des choses qui semblaient auparavant obscures et mystérieuses deviendront très claires.

La doctrine de la nouvelle naissance renverse toutes les fausses religions — toutes les fausses conceptions de la Bible et de Dieu. Un ami m'a raconté un jour que, lors d'une de ses réunions après le culte, un homme est venu le voir avec une longue liste de questions écrites auxquelles il lui demandait de répondre. Il lui a dit : « Si vous pouvez répondre à ces questions de manière satisfaisante, je suis décidé à devenir chrétien. »

« Ne pensez-vous pas, a dit mon ami, qu'il vaut mieux vous tourner vers le Christ d'abord ? Ensuite, vous pourrez examiner ces questions. » L'homme a pensé que ce serait peut-être mieux de le faire. Après avoir accepté le Christ, il a repensé à sa liste de questions, mais il lui a alors semblé qu'elles avaient toutes trouvé réponse.

L'esprit troublé, Nicodème est venu voir Jésus, et le Christ lui a dit : *Il faut que vous naissiez de nouveau* (Jean 3:7). Il a été traité de manière totalement différente de ce à quoi il s'attendait, mais je pense que cette nuit a été la plus bénie de sa vie. Naître de nouveau est la plus grande bénédiction qui puisse nous être donnée en ce monde.

Remarquez comment l'Écriture l'exprime : *À moins de naître de nouveau* (c'est-à-dire de naître de l'Esprit). Parmi les nombreux passages où l'on trouve posée une condition de ce genre, j'en citerai trois. Il est écrit : *Si vous ne changez pas d'attitude, vous périrez tous de même* (Luc 13:5). *Si vous ne vous convertissez pas et si vous ne devenez pas comme les petits enfants, vous n'entrerez pas dans le royaume des cieux* (Matthieu 18:3). *Si votre justice ne dépasse pas celle des spécialistes de la loi et des pharisiens, vous n'entrerez pas dans le royaume des cieux* (Matthieu 5:20). Ces passages ont tous la même signification.

Je suis vraiment reconnaissant que notre Seigneur ait parlé de la nouvelle naissance à ce chef des Juifs, à ce docteur de la loi, plutôt qu'à la femme qu'il a rencontrée près d'un puits en Samarie, ou à Matthieu, le collecteur d'impôts, ou à Zachée. S'il avait réservé son enseignement sur ce sujet important à ces trois-là, ou à des personnes de ce genre, les gens auraient dit : « Oh oui, ces collecteurs d'impôts et ces prostituées ont besoin de se convertir, mais je suis un homme droit. Je n'ai pas besoin de me convertir. » Nicodème était sans doute l'un des personnages les plus considérés du peuple de Jérusalem ; rien ne pouvait lui être reproché.

Je pense qu'il n'est guère nécessaire de prouver que nous devons naître de nouveau avant d'être dignes du ciel. J'ose dire qu'aucun homme honnête ne se dirait prêt pour le royaume de Dieu avant d'être né du Saint-Esprit. La Bible nous enseigne que l'homme est par nature perdu et coupable, et notre expérience le confirme. Nous savons aussi que l'homme le meilleur et le plus saint tombera très vite dans le péché s'il se détourne de Dieu.

Maintenant, permettez-moi de vous dire ce que la nouvelle naissance n'est pas. Ce n'est pas aller à l'église.

Très souvent, quand je vois des gens, je leur demande s'ils sont chrétiens. « Oui, bien sûr ; je vais à l'église tous les dimanches. » Ah, mais ce n'est pas ça, la nouvelle naissance.

D'autres disent : « J'essaie de faire ce qui est juste. Est-ce que je ne suis pas chrétien ? Est-ce que ce n'est pas ça, la nouvelle naissance ? » Non. En quoi cela a-t-il un rapport avec la nouvelle naissance ? Il existe encore une autre catégorie de gens : ceux qui ont « tourné la page » et se croient nés de nouveau. Non, prendre une nouvelle résolution n'est pas naître de nouveau.

Être baptisé ne vous servira à rien. Pourtant, vous entendez des gens dire : « J'ai été baptisé, et je suis né de nouveau quand j'ai été baptisé. » Ils croient que, parce qu'ils ont été baptisés dans l'Église, ils ont été baptisés dans le royaume de Dieu. Je vous dis que c'est totalement impossible. Vous pouvez être baptisé pour l'Église et ne pas être baptisé pour le Fils de Dieu. Le baptême est une bonne chose en soi. Dieu me garde de dire quoi que ce soit contre le baptême. Mais si vous le mettez à la place de la régénération — à la place de la nouvelle naissance — c'est une terrible erreur. Vous ne pouvez pas être baptisé dans le royaume de Dieu. *À moins de naître de nouveau, personne ne peut voir le royaume de Dieu.* Si quelqu'un, en lisant ceci, fait reposer ses espoirs sur autre chose — sur un autre fondement — je prie Dieu de dissiper son erreur.

Une autre catégorie de gens dit : « Je participe régulièrement à la Sainte-Cène. » Quel commandement béni ! Jésus a dit qu'à chaque fois que vous le faites, vous vous souvenez de sa mort. Pourtant, ce n'est pas naître de nouveau ; ce n'est pas passer de la mort à la vie. Jésus le dit clairement, et si clairement que cela ne devrait donner lieu à aucune erreur : *À moins de naître de nouveau, personne ne peut voir le royaume de Dieu.* Quel rapport cela a-t-il avec un sacrement ? Quel rapport y a-t-il entre aller à l'église et naître de nouveau ?

Une autre personne dira : « Je fais mes prières régulièrement. » Pourtant, je dis que ce n'est pas naître de l'Esprit. C'est une question très sérieuse qui se pose alors, et chaque lecteur devrait se la poser avec ferveur et fidélité : « Suis-je né de nouveau ? Suis-je né de l'Esprit ? Suis-je passé de la mort à la vie ? »

Plusieurs affirment que les réunions religieuses spéciales sont très bénéfiques pour certains. Ils pensent qu'elles seraient très utiles si l'on pouvait y attirer l'alcoolique, le joueur ou d'autres personnes dévoyées ; ça leur ferait beaucoup de bien. Mais « Nous, nous n'avons pas besoin de nous convertir », disent-ils. À qui le Christ a-t-il adressé ces paroles de sagesse ? À Nicodème. Qui était Nicodème ? Était-ce un ivrogne, un joueur ou un voleur ? Non ! C'était sans aucun doute l'un des hommes les plus éminents de Jérusalem. C'était un chef honorable. Il appartenait au Sanhédrin. Il occupait une position très élevée. C'était un homme pieux. C'était l'un des hommes les plus sages. Et pourtant, que lui a dit le Christ ? *À moins de naître de nouveau, personne ne peut voir le royaume de Dieu.*

Mais j'imagine quelqu'un dire : « Que dois-je faire ? Je ne peux pas créer la vie. Je ne peux certainement pas me sauver moi-même. » Vous ne le pouvez certainement pas, et nous ne prétendons pas le pouvoir. Nous vous disons qu'il est absolument impossible de rendre quelqu'un meilleur sans le Christ, mais c'est ce que les gens tentent de faire. Ils tentent de réparer cette « vieille nature héritée d'Adam ». Cependant, il doit y avoir une nouvelle création. La régénération est une nouvelle création, et si c'est une nouvelle création, elle doit être l'œuvre de Dieu. Au début du premier chapitre de la Genèse, il n'y a pas d'homme. Il n'y a personne d'autre que Dieu. L'homme est absent et n'intervient pas. Lorsque Dieu a créé la terre, il était seul. Lorsque le Christ a racheté le monde, il était seul.

Il est écrit : *Ce qui est né de parents humains est humain, et ce qui est né de l'Esprit est Esprit* (Jean 3:6). L'Éthiopien ne peut changer de peau, et le léopard ne peut changer ses taches (Jérémie 13:23). Autant essayer de vous purifier et de devenir saints sans l'aide de Dieu. Ce serait aussi facile pour vous que pour quelqu'un de changer la couleur de sa peau. Un homme pourrait tout aussi bien essayer de sauter par-dessus la lune que de servir Dieu en tant qu'humain. Ainsi, *ce qui est né de parents humains est humain, et ce qui est né de l'Esprit est esprit* (Jean 3:6).

Dieu nous dit dans ce chapitre comment entrer dans son royaume. Nous ne sommes pas censés y entrer par nos propres efforts, même si être sauvé mériterait qu'on y travaille, si c'était possible. Nous l'admettons tous. S'il y avait des rivières et des montagnes sur notre chemin, il vaudrait la peine de traverser les unes à la nage et de gravir les autres. Il ne fait aucun doute qu'être sauvé en vaudrait la peine, mais ce n'est pas par nos efforts que nous y arriverons. C'est donné à celui qui *ne fait rien, mais croit* (Romains 4:5). Nous faisons des efforts parce que nous sommes sauvés ; ce n'est pas pour être sauvés que nous faisons des efforts. Nous faisons des efforts parce que nous avons trouvé la croix, mais non pour la trouver. Il est écrit : *Mettez en œuvre votre propre salut avec crainte et profond respect* (Philippiens 2:12). Vous devez avoir votre salut avant de pouvoir le mettre en œuvre.

Supposons que je dise à mon petit garçon :

« Je veux que tu dépenses ces cent dollars avec précaution.

— Eh bien, dira-t-il, laisse-moi les cent dollars, et je ferai attention à la façon dont je les dépenserai. »

Je me souviens de mon départ de chez moi pour Boston. J'avais dépensé tout mon argent et j'allais à la poste trois fois par jour. Je savais que le courrier n'arrivait de chez moi qu'une fois par jour, mais je me disais qu'il y avait peut-être une lettre pour moi. J'ai enfin reçu une lettre de ma petite sœur, et quelle joie ! Elle avait entendu dire qu'il y avait beaucoup de pickpockets à Boston, et une grande partie de cette lettre me demandait de faire très attention à ne pas me laisser voler mes affaires. Cependant, il me fallait quelque chose dans la poche avant de pouvoir me faire voler. Il faut donc être sauvé avant de pouvoir mettre en œuvre ce salut.

Quand le Christ s'est écrié au Calvaire : « Tout est accompli ! », il voulait vraiment dire ce qu'il a dit. Il ne reste plus qu'à accepter l'œuvre de Jésus-Christ. Il n'y a aucun espoir pour l'homme ou la femme tant qu'ils cherchent à se sauver par eux-mêmes. J'imagine que certains diront, comme Nicodème l'a peut-être fait : « C'est une chose bien mystérieuse. » Je vois le froncement de sourcils de ce pharisien lorsqu'il a dit : « Comment cela peut-il se faire ? » Cela lui a paru étrange. « Naître de nouveau ; naître de l'Esprit ! Comment cela peut-il se faire ? »

Beaucoup de gens disent : « Vous devez nous donner des explications rationnelles ; si vous ne le faites pas, ne nous demandez pas d'y croire. » J'imagine que beaucoup de gens disent cela. Quand vous me demandez de donner des explications rationnelles, je vous dis sincèrement que je ne peux pas. Il est écrit : *Le vent souffle où il veut et tu en entends le bruit, mais tu ne sais pas d'où il vient, ni où il va. C'est aussi le cas de toute personne qui est née de l'Esprit* (Jean 3:8). Je ne comprends pas tout au sujet du vent. Vous me demandez de donner des explications rationnelles. Je ne le peux pas. Il peut souffler plein nord ici, et à cent soixante kilomètres, plein sud. Je peux monter de quelques centaines de mètres et trouver qu'il souffle dans une direction totalement opposée à celle d'ici. Vous me demandez d'expliquer ces courants de vent, mais que se passe-t-il si je ne peux pas les expliquer et ne les comprends pas, mais que je prends position et déclare : « Le vent n'existe pas. »

J'imagine une petite fille disant : « J'en sais plus que cet homme ; j'ai souvent entendu le vent et je l'ai senti souffler sur mon visage. » Elle pourrait demander : « Est-ce que le vent ne m'a pas arraché mon parapluie des mains l'autre jour ? Est-ce que je ne l'ai pas vu arracher le chapeau d'un homme dans la rue ? Est-ce que je ne l'ai pas vu arracher les arbres de la forêt et le maïs à la campagne ? »

Si l'on me dit qu'un homme né de l'Esprit n'existe pas, autant me dire que le vent n'existe pas. J'ai senti l'Esprit de Dieu agir dans mon cœur, aussi réellement et aussi sincèrement que j'ai senti le vent me souffler au visage. Je n'arrive pas à le comprendre. Il y a beaucoup de choses que je ne peux pas comprendre, mais auxquelles je crois. Je n'ai jamais pu comprendre la création. Je vois le monde, mais je ne peux pas dire comment Dieu l'a créé à partir de rien. Mais presque tout le monde admettra qu'il existe une puissance créatrice.

Il y a beaucoup de choses que je ne peux ni expliquer ni démontrer, et pourtant je crois en leur réalité. J'ai entendu un voyageur de commerce dire que, selon ce qu'il en savait, le ministère et la religion de Jésus-Christ étaient une affaire de révélation et non d'enquête systématique. *Lorsque [Dieu] a trouvé bon de révéler son Fils en moi*, a dit Paul (Galates 1:15-16). Un groupe de jeunes gens était parti à la campagne ; en chemin, ils ont décidé de ne rien croire qu'ils ne puissent expliquer. Un vieil homme les a entendus et leur a dit :

« Je vous ai entendus dire que vous ne croiriez rien sans pouvoir l'expliquer.

— Oui, ont-ils dit, c'est vrai.

— Eh bien, a-t-il dit, en descendant du train aujourd'hui, j'ai remarqué des oies, des moutons, des porcs et des bovins qui mangeaient tous de l'herbe. Pouvez-vous me dire par quel processus cette même herbe s'est transformée en poils, plumes, soies et laine ? Croyez-vous que ce soit un fait ?

— Bien sûr, ont-ils dit. On ne peut pas ne pas y croire, même si on ne le comprend pas.

— Eh bien, dit le vieil homme, je ne peux pas ne pas croire en Jésus-Christ. »

Et moi, je ne peux pas ne pas croire à la régénération de l'homme quand je vois des gens qui ont été réhabilités, quand je vois des gens qui ont été rendus meilleurs, transformés par Dieu et dotés d'un cœur nouveau par le Saint-Esprit de Dieu. Certains des pires hommes n'ont-ils pas été régénérés — retirés de la fosse pour être fermement établis sur le Rocher et chanter un cantique nouveau ? Leurs langues maudissaient et blasphémaient autrefois, mais maintenant ils louent Dieu. Il est écrit : *Les choses anciennes sont passées ; voici, toutes choses sont devenues nouvelles* (2 Corinthiens 5:17). Ils sont non seulement rendus meilleurs, mais régénérés. Ils sont de nouvelles créatures en Jésus-Christ.

Là-bas, dans les ruelles sombres d'une de nos grandes villes, vit un pauvre alcoolique. Je pense que si vous voulez vous approcher de l'enfer, vous devriez aller chez un pauvre alcoolique. Allez chez ce pauvre et malheureux alcoolique. Y a-t-il quelque chose de plus semblable à l'enfer sur terre ? Voyez la misère et la détresse qui y règnent. Mais écoutez ! Un pas se fait entendre à la porte, et les enfants courent se cacher. L'épouse patiente se tient prête à rencontrer son mari. Il a été son tourment. À maintes reprises, elle a subi sa colère. À maintes reprises, sa main droite puissante s'est abattue sur sa tête sans défense. Et maintenant, elle se tient prête, s'attendant à entendre ses jurons et à subir ses brutalités. Il entre et lui dit : « J'ai assisté à la réunion, et j'y ai entendu dire que si je me tourne vers Dieu, je peux être transformé. Je crois que Dieu peut me sauver. »

Retournez dans cette maison quelques semaines plus tard. Quel changement ! En vous approchant, vous entendez quelqu'un chanter. Ce n'est pas le chant d'un fêtard, mais un cantique. Les enfants n'ont plus peur de l'homme et se serrent autour de ses genoux. Sa femme est près de lui, le visage illuminé de joie. N'est-ce pas l'image même de la régénération ? Je peux vous emmener dans de nombreux foyers semblables, rendus heureux par la puissance régénératrice de l'Évangile du Christ. Ce dont les gens ont besoin, c'est de la force de vaincre la tentation, de la force de mener une vie droite — et cette force se trouve dans le Saint-Esprit de Dieu.

La seule façon d'entrer dans le royaume de Dieu est d'y *naître*. La loi des États-Unis exige que le président soit né dans le pays. Lorsque des étrangers débarquent chez nous, ils n'ont aucun droit de se plaindre d'une telle loi qui leur interdit de devenir président. Or, Dieu n'a-t-il pas le droit de faire une loi selon laquelle tous ceux qui hériteront de la vie éternelle doivent *naître* dans son royaume ?

Quelqu'un qui n'est pas né de nouveau préférerait être en enfer plutôt qu'au paradis. Prenez un homme dont le cœur est rempli de corruption et de méchanceté et placez-le au paradis parmi les purs, les saints et les rachetés ; il ne voudrait pas y rester. Assurément, si nous voulons être heureux au paradis, nous devons commencer à créer un paradis ici-bas. Le paradis est un lieu préparé pour un peuple préparé. Si quelqu'un qui a une addiction au jeu ou un blasphémateur était retiré des rues de New York et placé sur le pavé de cristal du paradis, à l'ombre de l'arbre de vie, il dirait : « Je ne veux pas rester ici. » Si les gens étaient emmenés au paradis tels qu'ils sont naturellement, sans que leur cœur soit régénéré, il y aurait une autre rébellion au paradis. Le paradis est rempli de ceux qui sont nés deux fois.

Dans Jean 3:14-15, nous lisons : *Et tout comme Moïse a élevé le serpent dans le désert, il faut aussi que le Fils de l'homme soit élevé, afin que quiconque croit en lui ne périsse pas, mais ait la vie éternelle.* Notez bien cela : *Quiconque !* Vous qui n'êtes pas encore sauvés, laissez-moi vous dire ce que Dieu a fait pour vous. Il a fait tout ce qu'il pouvait pour votre salut. Pas besoin d'attendre que Dieu fasse quoi que ce soit de plus. Il y a un passage de la Bible où il demande ce qu'il aurait pu faire de plus. *Qu'y avait-il encore à faire de plus à ma vigne que je n'aie pas fait pour elle ?* (Ésaïe 5:4). Il a envoyé ses prophètes, et les gens les ont tués ; puis il a envoyé son Fils bien-aimé, et ils l'ont assassiné. Maintenant, il a envoyé le Saint-Esprit pour nous convaincre en ce qui concerne le péché et nous montrer comment nous devons être sauvés.

Ce chapitre nous dit comment nous serons sauvés : par celui qui a été élevé sur la croix. De même que Moïse éleva le serpent de bronze dans le désert, le Fils de l'homme doit aussi être élevé, *afin que quiconque croit en lui ne périsse pas, mais ait la vie éternelle.* Certains se plaignent et disent qu'il est tout à fait déraisonnable d'être tenus responsables du péché commis par un homme il y a six mille ans. Il n'y a pas longtemps, un homme me parlait de cette injustice, comme il l'appelait. Si un homme pense répondre à Dieu de cette manière, je vous le dis, cela ne lui servira à rien. Si vous êtes perdu, ce ne sera pas à cause du péché d'Adam.

Permettez-moi d'illustrer mon propos pour le rendre plus compréhensible. Imaginez que je sois en train de mourir de la tuberculose qui m'a été transmise par mon père ou ma mère. Je n'ai pas contracté la maladie par ma faute ou par négligence ; partons du principe que je l'ai contractée par hérédité. Un ami passe par hasard ; il me regarde et me dit :

« Moody, tu es malade. Tu as la tuberculose.

— Je le sais. Je n'ai pas besoin qu'on me le dise.

— Mais il existe un remède, dit-il.

— Je ne crois pas. J'ai consulté les meilleurs médecins du pays et d'Europe, et ils me disent qu'il n'y a aucun espoir.

— Mais tu me connais, Moody ; tu me connais depuis des années.

— Évidemment.

— Alors tu crois donc que je te dirais un mensonge ?

— Non.

— Eh bien, il y a dix ans, j'étais aussi malade que toi. Les médecins m'avaient prédit que je mourrais, mais j'ai pris ce médicament et il m'a guéri. Je vais parfaitement bien. Regarde-moi.

— Ton cas est exceptionnel.

— Oui, il est peut-être exceptionnel, mais c'est un fait. Ce médicament m'a guéri ; prends-le, et il te guérira. Il m'a coûté cher, mais il ne te coûtera rien. Tu ne dois pas prendre ça à la légère, je t'en supplie.

— Eh bien, dis-je, j'aimerais te croire, mais c'est contraire à ma raison. »

En entendant cela, mon ami s'en va et revient avec un autre ami qui témoigne de la même chose. Je reste incrédule, alors il s'en va et amène un autre ami, puis un autre, puis un autre, et encore un autre ; et tous témoignent de la même chose. Ils disent qu'ils étaient aussi malades que moi, mais qu'ils ont pris le même médicament qu'on m'a proposé, et il les a guéris. Mon ami me tend alors le médicament. Je le jette par terre. Je ne crois pas qu'il a le pouvoir de me sauver, et je meurs. La raison en est que j'ai refusé le remède.

Ainsi, si vous mourez, ce ne sera pas à cause de la chute d'Adam, mais à cause de votre refus du remède qui vous était proposé pour vous sauver. Vous choisirez les ténèbres plutôt que la lumière (Jean 3:19). Il est écrit : *Comment échapperons-nous en négligeant un si grand salut ?* (Hébreux 2:3). Il n'y a aucun espoir pour vous si vous négligez le remède. Il ne vous sert à rien de regarder votre blessure. Si nous avions été dans le camp israélite et avions été mordus par l'un des serpents venimeux, cela ne nous aurait servi à rien de regarder notre blessure. Regarder sa propre blessure ne sauvera jamais personne. Ce que vous devez faire, c'est regarder le remède : regarder vers celui qui a le pouvoir de vous sauver de votre péché.

Contemplez le camp des Israélites ; regardez la scène dépeinte dans la Bible (Nombres 21:69) ! Beaucoup meurent parce qu'ils négligent le remède qui leur est proposé. Dans ce désert aride se trouvent de nombreuses tombes minuscules ; de nombreux enfants ont été mordus par les serpents venimeux. Pères et mères enterrent leurs enfants. Là-bas, on enterre une mère ; une mère aimée est sur le point d'être mise en terre. La famille pleure et se rassemble autour de la silhouette bien-aimée. Vous entendez les cris de deuil ;

vous voyez les larmes amères. Le père est emporté vers sa dernière demeure. Des gémissements s'élèvent dans tout le camp. Des larmes coulent pour les milliers de personnes décédées ; des milliers d'autres meurent, et le fléau fait rage d'un bout à l'autre du camp.

Je vois dans une tente une mère israélite penchée sur la silhouette d'un fils bien-aimé qui entre dans la fleur de l'âge, qui devient un homme. Elle essuie la sueur de mort qui coule sur son front. Bientôt, ses yeux deviennent fixes et vitreux, car la vie de son fils s'épuise rapidement. Le cœur de la mère est déchiré et saigne. Soudain, elle entend un bruit dans le camp. Un grand cri s'élève. Que signifie-t-il ? Elle se dirige vers la porte de la tente.

« Que signifie tout ce bruit dans le camp ? demande-t-elle aux passants.

— Quoi, tu n'as pas entendu la bonne nouvelle qui est arrivée au camp ?

— Non, dit la femme. Une bonne nouvelle ? Qu'est-ce que c'est ?

— Alors tu n'as rien entendu ? Dieu a prévu un remède.

— Quoi ! Pour les Israélites mordus ? Oh, dis-moi quel est ce remède !

— Dieu a ordonné à Moïse de fabriquer un serpent de bronze et de le placer sur une perche au milieu du camp. Il a déclaré que quiconque le regarderait vivrait. Le cri que tu entends, c'est le cri du peuple qui voit le serpent élevé. »

La mère rentre dans la tente et dit : « Mon garçon, j'ai une bonne nouvelle à t'annoncer. Tu n'es pas obligé de mourir ! Mon fils, mon fils, c'est une bonne nouvelle que je t'apporte : tu peux vivre ! » Il est stupéfait, mais si faible qu'il ne peut pas marcher jusqu'à la porte de la tente. Sa mère le prend dans ses bras vigoureux et le soulève. « Regarde là-bas, regarde juste là, sous la colline ! »

Mais le garçon ne voit rien. Il dit : « Je ne vois rien. Qu'est-ce qu'il y a, maman ? »

Elle dit : « Continue à regarder, et tu le verras. » Finalement, il aperçoit le serpent scintillant, et le voilà en bonne santé !

Il en va de même pour de nombreux jeunes convertis. Il y a des gens qui disent : « Oh, nous ne croyons pas aux conversions soudaines. » Combien de temps a-t-il fallu pour guérir ce garçon ? Combien de temps a-t-il fallu pour guérir ces Israélites mordus par des serpents ? Un simple regard, et ils étaient guéris.

Ce jeune Hébreu est un jeune converti. Je l'imagine maintenant appelant tous ceux qui étaient avec lui à louer Dieu. Il voit un autre jeune homme mordu comme lui, il court vers lui et lui dit :

« Tu n'es pas obligé de mourir.

— Oh, répond le jeune homme, je ne peux pas survivre ; ce n'est pas possible. Il n'y a pas de médecin en Israël qui puisse me guérir, dit-il sans savoir qu'il n'est pas obligé de mourir.

— Est-ce que tu n'as pas entendu la nouvelle ? Dieu a prévu un remède.

— Quel remède ?

— Dieu a dit à Moïse de placer un serpent de bronze sur une perche et a dit qu'aucun de ceux qui regarderaient ce serpent ne mourrait. »

J'imagine facilement le jeune homme. C'est peut-être ce qu'on appelle un intellectuel. Il dit au jeune converti : « Tu ne penses tout de même pas que je vais croire une chose pareille ? Si les médecins d'Israël ne peuvent pas me guérir, comment est-ce que tu peux croire qu'un vieux serpent de bronze fixé sur une perche puisse me guérir ?

— Eh bien, j'étais aussi malade que toi !

— Tu n'es pas sérieux !

— Mais si !

— C'est la chose la plus étonnante que j'aie jamais entendue, dit le jeune homme. J'aimerais que tu m'expliques comment ça marche.

— Je ne peux pas. Je sais seulement que j'ai regardé ce serpent et que j'ai été guéri. C'est comme ça. J'ai juste regardé, c'est tout. Ma mère m'a raconté les rumeurs qui circulaient dans le camp, je l'ai crue, et je vais parfaitement bien.

— Eh bien, je ne crois pas que tu aies été mordu aussi gravement que moi, dit le jeune homme en retroussant sa manche. Regarde ! C'est la marque de l'endroit où j'ai été mordu, et je te dis que c'était pire que pour toi. Bon, si je comprenais comment ça marche, je regarderais et je guérirais.

— Tu n'as pas besoin de tout comprendre ; regarde simplement et vis.

— Mais… tu me demandes de faire quelque chose d'incompréhensible. Si Dieu avait dit de prendre du bronze et de le frotter sur la plaie, il y aurait peut-être quelque chose dans le bronze qui guérirait la morsure. Explique-moi comment ça marche. »

J'ai souvent vu de mes yeux des gens parler ainsi. Mais le jeune homme guéri appelle quelqu'un d'autre, le fait entrer dans la tente et lui dit : « Raconte-lui simplement comment le Seigneur t'a sauvé. » Celui-ci raconte la même histoire ; le jeune homme appelle d'autres personnes, et elles disent toutes la même chose.

Le jeune homme mourant dit que c'est une chose très étrange. « Si le Seigneur avait dit à Moïse d'aller chercher des herbes, ou des racines, de les faire infuser et d'en prendre le concentré comme remède, il y aurait eu quelque chose là-dedans. Mais c'est si peu rationnel de regarder le serpent que je ne peux pas le faire. »

Finalement, sa mère, qui était allée au camp, arrive et lui dit :

« Mon garçon, j'ai la meilleure nouvelle du monde pour toi. J'étais au camp et j'ai vu des centaines de personnes très gravement malades, et elles vont toutes très bien maintenant.

— J'aimerais guérir, dit le jeune homme ; l'idée de mourir me fait très mal. Je veux aller en terre promise, et c'est terrible de mourir ici, dans ce désert ; mais je ne comprends vraiment pas comment fonctionne ce remède. C'est quelque chose d'irrationnel. Je ne peux pas croire que je puisse guérir en un instant. » Et le jeune homme meurt à cause de sa propre incrédulité.

Dieu a prévu un remède pour cet Israélite mordu : « Regarde et vis ! » Chacun peut accéder à la vie éternelle. Cher lecteur, regardez et vous pouvez être sauvé, dès maintenant. Dieu a prévu un remède, et il est offert à tous. Le problème, c'est que beaucoup de gens regardent la perche sur laquelle le serpent est fixé. Ne regardez pas la perche qu'est l'Église. Vous n'avez pas besoin de regarder l'Église ; l'Église est une bonne chose, mais l'Église ne peut pas vous sauver. Regardez au-delà de la perche. Regardez le Crucifié. Regardez le Calvaire. Gardez à l'esprit que Jésus est mort pour tout le monde. Vous n'avez pas besoin de regarder les pasteurs ; ils ne sont que les instruments choisis par Dieu pour mettre en vue le Remède : le Christ. Alors, mes amis, détournez votre regard des hommes ; détournez votre regard de l'Église. Levez les yeux vers Jésus, qui a enlevé le péché du monde, et vous aurez la vie dès maintenant.

Dieu merci, nous n'avons pas besoin d'avoir fait des études pour apprendre à regarder. Cette petite fille, ce petit garçon de quatre ans seulement, qui ne sait pas lire, peut regarder. Quand un père rentre à la maison, la mère dit à son petit garçon : « Regarde ! Regarde ! Regarde ! » Et le petit enfant apprend à regarder bien avant d'avoir un an. C'est ainsi qu'on est sauvé. C'est en regardant l'*Agneau de Dieu qui enlève le péché du monde* (Jean 1:29). La vie est là, en cet instant, pour quiconque est prêt à regarder.

Certains disent : « J'aimerais savoir comment être sauvé. » Prenez Dieu au mot et faites confiance à son Fils aujourd'hui même, à cette heure même, à cet instant précis. Il vous sauvera si vous lui faites confiance. Quelqu'un dira : « Je ne ressens pas la morsure — je ne ressens pas autant le besoin du Sauveur que je le souhaiterais. Je sais que je suis pécheur et tout le reste, mais je ne ressens pas assez la morsure. » À quel point Dieu veut-il que vous la ressentiez ?

Quand j'étais à Belfast, je connaissais un médecin

qui avait un ami là-bas, un chirurgien renommé, et il m'a dit que ce chirurgien, avant toute opération, avait pour habitude de dire au patient : « Observez bien la plaie, puis fixez votre regard sur moi ; ne me quittez pas des yeux jusqu'à ce que j'aie terminé. » J'ai tout de suite pensé que c'était une bonne illustration. Pécheur, regardez bien votre plaie, puis fixez votre regard sur le Christ, et ne le quittez pas des yeux. Il vaut mieux regarder le Remède que la plaie. Voyez quel malheureux pécheur vous êtes, et regardez ensuite l'*Agneau de Dieu qui enlève le péché du monde*. Jésus est mort pour les impies et les pécheurs. Dites : « Je veux recevoir le Christ ! » Que Dieu vous aide à lever les yeux vers l'Homme du Calvaire. Comme les Israélites ont regardé le serpent et ont été guéris, vous aussi, vous pouvez regarder et vivre.

Après la bataille de Pittsburg Landing, j'étais à l'hôpital de Murfreesboro. Au milieu de la nuit, on m'a réveillé et on m'a dit qu'un homme voulait me voir dans l'une des salles. Je suis allé le voir, il m'a appelé « aumônier » (je n'étais pas l'aumônier) et m'a dit qu'il voulait que je l'aide à se préparer à mourir. Je lui ai dit :

« Je vous prendrais dans mes bras et vous porterais dans le royaume de Dieu si je le pouvais, mais je ne peux pas. Je ne peux pas vous aider à mourir !

—Qui est-ce qui le peut ? a-t-il demandé.

— Le Seigneur Jésus-Christ le peut, ai-je dit ; c'est dans ce but qu'il est venu.

— Il ne peut pas me sauver ; j'ai péché toute ma vie, a-t-il répondu en secouant la tête.

— Mais il est venu pour sauver les pécheurs », ai-je dit.

J'ai pensé à sa mère, qui vivait dans le Nord, et j'étais sûr qu'elle souhaitait qu'il meure en paix. J'ai donc décidé de rester avec lui. J'ai prié deux ou trois fois et répété toutes les promesses possibles, car il était évident qu'il serait parti quelques heures plus tard. J'ai dit que je voulais lui lire une conversation que le Christ avait eue avec un homme inquiet pour son âme. J'ai ouvert le troisième chapitre de Jean. Ses yeux étaient rivés sur moi. Quand je suis arrivé aux versets 14 et 15, il a entendu ces mots : *Et tout comme Moïse a élevé le serpent dans le désert, il faut aussi que le Fils de l'homme soit élevé afin que quiconque croit en lui ne périsse pas mais ait la vie éternelle* (Jean 3:14-15).

Il m'a arrêté et m'a dit : « C'est écrit là-dedans ? »

J'ai dit « oui ».

Il m'a demandé de le relire, ce que j'ai fait. Il s'est appuyé sur le lit, a joint les mains et a dit : « C'est bien ; voulez-vous le relire ? » Je l'ai lu une troisième fois, puis j'ai continué avec le reste du chapitre. Quand j'ai eu fini, ses yeux étaient fermés, ses mains jointes et un sourire éclairait son visage. Oh, quelle lumière émanait de cet homme ! Quel changement s'était opéré en lui ! Je voyais ses lèvres trembler et, penché sur lui, j'ai entendu dans un faible murmure : *Et tout comme Moïse a élevé le serpent dans le désert, il faut aussi que le Fils de l'homme soit élevé afin que quiconque croit en lui ne périsse pas mais ait la vie éternelle.*

Il a ouvert les yeux et a dit : « Ça me suffit, ne lisez plus. » Il a encore vécu quelques heures en méditant sur ces deux versets. Puis il est monté sur l'un des chars du Christ pour prendre place dans le royaume de Dieu.

Le Christ a dit à Nicodème : *À moins de naître de nouveau, personne ne peut voir le royaume de Dieu.* Vous pouvez voir de nombreux pays, mais il en est un, le pays de Beulah, que John Bunyan a vu en vision, que vous ne verrez jamais à moins de naître de nouveau, régénéré par le Christ. Vous pouvez regarder autour de vous et voir de nombreux arbres magnifiques, mais vous ne verrez jamais l'arbre de vie à moins que vos yeux ne soient éclairés par la foi au Sauveur. Vous pouvez voir les magnifiques fleuves de la terre, mais gardez à l'esprit que vos yeux ne se poseront jamais sur le fleuve qui jaillit du trône de Dieu et traverse le royaume des cieux à moins de naître de nouveau. C'est Dieu qui l'a dit, pas l'homme. Vous ne verrez jamais le royaume de Dieu à moins de naître de nouveau. Vous pouvez voir les rois et les seigneurs de la terre, mais vous ne verrez jamais le Roi des rois et le Seigneur des seigneurs à moins de naître de nouveau. Lorsque vous êtes à Londres, vous pouvez aller à la Tour et voir la couronne d'Angleterre, qui vaut des milliers de dollars et est gardée par des soldats, mais gardez à l'esprit que vos yeux ne se poseront jamais sur la couronne de vie à moins de naître de nouveau.

Vous pouvez entendre les chants de la cité de Sion, ceux que l'on chante ici-bas, mais il y a un chant, celui de Moïse et de l'Agneau, que vos oreilles n'entendront jamais à moins de naître de nouveau ; sa mélodie ne ravira que les oreilles de ceux qui sont nés de l'Esprit. Vous pouvez contempler les magnifiques demeures de la terre, mais gardez à l'esprit qu'à moins de naître de nouveau, vous ne verrez jamais les demeures que le Christ est allé préparer. C'est Dieu qui le dit. Vous pouvez voir mille et une belles choses dans ce monde, mais à moins de naître de nouveau, vous ne verrez jamais la cité qu'Abraham a entrevue avant de devenir un voyageur et un étranger (Hébreux 11:8, 10-16). Vous serez peut-être souvent invité à des réceptions de mariage ici-bas, mais vous n'assisterez jamais au festin des noces de l'Agneau à moins de naître de nouveau. C'est Dieu qui le dit, cher ami. Vous pouvez regarder le visage de votre mère pieuse ce soir et savoir qu'elle prie pour vous, mais le temps viendra où vous ne la reverrez plus jamais à moins de naître de nouveau.

Vous êtes peut-être un jeune homme ou une jeune femme qui s'est récemment retrouvé au chevet d'une mère mourante. Elle vous a peut-être dit : « Ne manque pas de me retrouver au ciel », et vous lui avez promis que vous le ferez. Mais vous ne la reverrez jamais si vous ne regardez pas l'Agneau de Dieu. Vous devriez croire Jésus de Nazareth avant de croire les incroyants qui disent que vous n'avez pas besoin de naître de nouveau.

Parents, si vous espérez revoir vos enfants décédés, vous devez naître de l'Esprit. Vous êtes peut-être un père ou une mère qui a récemment enterré un être cher, et votre foyer vous semble sombre et lugubre. Vous ne reverrez plus jamais votre enfant à moins que vous naissiez de nouveau. Si vous souhaitez retrouver l'être qui vous est cher, vous devez naître de nouveau. Je m'adresse peut-être à un père ou à une mère qui a un être cher là-haut, au ciel. Si vous pouviez entendre sa voix, elle vous dirait : « Viens par ici. » Avez-vous un ami croyant, là-haut ?

Jeune homme ou jeune femme, votre chère mère est-elle déjà au ciel ? Si vous pouviez l'entendre parler, ne dirait-elle pas : « Détourne-toi du monde et suis Jésus, mon fils », « Regarde Jésus, ma fille » ? Si vous voulez la revoir un jour, vous devez naître de nouveau.

Nous avons tous un Frère aîné là-haut. Il s'en est allé il y a deux mille ans, et depuis les rivages célestes, il vous appelle au ciel. Tournons le dos au monde. Faisons la sourde oreille au monde. Regardons Jésus sur la croix et soyons sauvés. Alors, un jour, nous verrons le Roi dans sa beauté, et nous ne le quitterons plus.

# Chapitre 3

# Deux groupes de personnes

*Deux hommes montèrent au temple pour
prier* (Luc 18:10).

Deux groupes de personnes vivent dans notre monde. Les premiers ne ressentent pas le besoin d'un Sauveur et n'ont pas été convaincus par l'Esprit en ce qui concerne le péché ; les seconds sont convaincus d'être dans le péché et s'écrient : « Que dois-je faire pour être sauvé ? »

Tous ceux qui s'intéressent à Dieu peuvent être classés en deux groupes : soit ils ont l'esprit du pharisien, soit ils ont l'esprit du collecteur d'impôts. Si une personne animée de l'esprit du pharisien vient à l'une de nos discussions pour poser des questions et en savoir plus sur la nouvelle naissance, je ne connais pas de meilleur passage des Écritures pour répondre à son cas que Romains 3:10-11 : *Comme cela est écrit : Il n'y a pas de juste, pas même un seul ; aucun n'est intelligent, aucun ne recherche Dieu.*

## L'attitude du pharisien

Paul parle ici de l'homme naturel, ou non sauvé. *Tous se sont détournés ; ensemble ils se sont pervertis ; il n'y en a aucun qui fasse le bien, pas même un seul* (Romains 3:11-12). Et dans Romains 3:17-19 : *Ils ne connaissent pas le chemin de la paix. Il n'y a aucune crainte de Dieu devant leurs yeux. Or, nous savons que tout ce que dit la loi, c'est à ceux qui vivent sous la loi qu'elle le dit, afin que toute bouche soit fermée et que tout le monde soit reconnu coupable devant Dieu.*

Observez ensuite les versets 22 et 23 : *Il n'y a pas de différence : tous ont péché et sont privés de la gloire de Dieu.* Il ne s'agit pas d'une partie de la famille humaine, mais *tous ont péché et sont privés de la gloire de Dieu.*

Un autre verset, 1 Jean 1:8, convainc les gens de leur péché : *Si nous disons que nous n'avons pas de péché, nous nous trompons nous-mêmes, et la vérité n'est pas en nous.* Un jour, nous avons tenu des réunions dans une ville de l'Est de quarante mille habitants. Une dame est venue nous demander de prier pour son mari, qu'elle comptait inviter à la réunion suivante. J'ai beaucoup voyagé et rencontré de nombreux pharisiens, mais cet homme était tellement sûr d'être irréprochable qu'il était impossible de lui faire comprendre la vérité. J'ai dit à sa femme : « Je suis heureux de voir votre foi, mais nous n'arrivons pas à lui faire comprendre la vérité de Dieu ; c'est l'homme le plus satisfait de soi que j'aie jamais vu. »

Elle a dit : « Vous devez le faire ! Mon cœur se briserait si ces réunions se terminaient sans sa conversion. »

Elle a persisté à l'amener, et j'en ai presque eu assez de le voir. Mais vers la fin de nos trente jours de réunions, il s'est approché de moi et a posé sa main tremblante sur mon épaule.

Le lieu où se tenaient les réunions était plutôt froid, avec une pièce attenante où seul l'éclairage au gaz était allumé. Il m'a dit : « Vous ne pouvez pas venir ici quelques minutes ? » J'ai cru qu'il tremblait de froid, et je n'avais pas particulièrement envie d'aller là où il faisait plus froid. Mais il a dit : « Je suis l'homme le plus mauvais du Vermont. Je veux que vous priiez pour moi. »

J'ai pensé qu'il avait dû commettre un meurtre ou un autre crime horrible, et j'ai demandé : « Y a-t-il un péché qui vous trouble particulièrement ? »

Il a répondu : « Toute ma vie a été un péché. J'ai été un vaniteux et un pharisien satisfait de soi. Je veux que vous priiez pour moi. » Il en était profondément convaincu. Un homme n'aurait pas pu produire un tel résultat, mais l'Esprit l'a fait. Vers deux heures du matin, la lumière a illuminé son âme. Il a parcouru les rues commerçantes de la ville et a raconté ce que Dieu avait fait pour lui. Depuis, c'est un chrétien très actif.

Jésus lui-même a prononcé quatre autres paroles concernant les personnes qui s'intéressent à Dieu : *En vérité, en vérité, je te le dis, à moins de naître de nouveau, personne ne peut voir le royaume de Dieu* (Jean 3:3).

Dans Luc 13:3, nous lisons : *Mais si vous ne changez pas d'attitude, vous périrez tous de même.*

Dans Matthieu 18, lorsque les disciples sont venus à Jésus pour savoir qui serait le plus grand dans le royaume des cieux, il a pris un petit enfant, l'a placé au milieu d'eux et a dit : *Je vous le dis en vérité, si vous ne vous convertissez pas et si vous ne devenez pas comme les petits enfants, vous n'entrerez pas dans le royaume des cieux* (Matthieu 18:3).

Matthieu 5:20 mentionne une autre condition importante : *Si votre justice ne dépasse pas celle des spécialistes de la loi et des pharisiens, vous n'entrerez pas dans le royaume des cieux.*

Une personne doit en être « digne », c'est-à-dire y être prête avant d'entrer dans le royaume de Dieu. En considérant l'histoire du fils prodigue, je préférerais entrer dans le royaume avec le frère cadet plutôt que de rester dehors avec l'aîné qui, *en colère, [...] ne voulait pas entrer* (Luc 15:28). Le ciel serait un enfer pour une telle personne. Un frère aîné qui ne se réjouirait pas du retour de son frère cadet ne serait pas digne d'entrer dans le royaume de Dieu. C'est quelque chose de sérieux à méditer, mais l'histoire se termine et laisse l'aîné dehors et son frère cadet à l'intérieur. Pour le frère aîné, le langage qu'a tenu le Sauveur en d'autres circonstances semble approprié : *Je vous le dis en vérité, les collecteurs d'impôts et les prostituées vous précéderont dans le royaume de Dieu* (Matthieu 21:31).

Une dame est venue me voir un jour pour me demander une faveur pour sa fille. Elle m'a dit :

« N'oubliez pas que je ne partage pas votre doctrine.

— Avec quoi n'êtes-vous pas d'accord ? ai-je demandé.

— Je trouve horrible la façon dont vous rabaissez le frère aîné. Je trouve que c'est un homme noble. »

J'ai dit à cette dame que j'étais disposé à l'entendre défendre le frère aîné, mais qu'une telle position ne devait pas être prise à la légère, et que le frère aîné avait autant besoin de se convertir que le cadet. Quand les gens parlent de moralité, il est bon de les inciter à observer attentivement le vieil homme suppliant son fils qui refusait d'entrer.

## L'attitude du publicain

Mais passons maintenant à l'autre groupe dont nous avons à nous occuper. Il est composé de ceux qui sont convaincus de leur péché et qui s'écrient, comme le geôlier de Philippes : *Que faut-il que je fasse pour être sauvé ?* (Actes 16:30). Ceux qui poussent ce cri de pénitence n'ont pas besoin que la loi les condamne. Ils savent déjà qu'ils sont pécheurs. Il est bon de les ramener directement à ce qui est écrit : *Crois au Seigneur Jésus-Christ, et tu seras sauvé* (Actes 16:31). Beaucoup vous accueilleront avec un air renfrogné et diront : « Je ne sais pas ce que c'est que croire », et bien que la loi du ciel déclare qu'ils doivent croire pour être sauvés, ils demandent encore autre chose. Ils veulent que nous leur disions quoi, où et comment croire.

Dans Jean 3:35-36, nous lisons : *Le Père aime le Fils et a tout remis entre ses mains. Celui qui croit au Fils a la vie éternelle ; celui qui ne croit pas au Fils ne verra pas la vie, mais la colère de Dieu reste au contraire sur lui.* Cela paraît logique. L'homme a perdu la vie par incrédulité — en ne croyant pas à la parole de Dieu ; nous avons retrouvé la vie en croyant — en prenant Dieu au mot. Autrement dit, nous nous relevons là où Adam est tombé. Il a trébuché et est tombé sur la pierre de l'incrédulité ; nous sommes relevés et nous nous tenons debout en croyant.

Quand les gens disent qu'ils ne peuvent pas croire, montrez-leur les Écritures en détail et insistez sur ce seul point : « Dieu a-t-il jamais manqué à sa promesse pendant ces six mille ans ? » Le diable et les hommes ont essayé sans relâche de prouver qu'il a manqué à une seule promesse. Il y aurait une grande fête en enfer aujourd'hui s'il avait manqué à une seule de ses paroles. Si quelqu'un dit qu'il ne peut pas croire, il est bon de l'interroger sur ce point.

Aujourd'hui, je crois plus en Dieu qu'en mon propre cœur. Il est écrit : *Le cœur est tortueux plus que tout, et il est incurable. Qui peut le connaître ?* (Jérémie 17:9). Je crois plus en Dieu qu'en moi-même. Si vous voulez connaître le chemin de la vie, croyez que Jésus-Christ est votre Sauveur personnel. Laissez de côté toutes les doctrines et tous les credo, et venez droit au cœur du Fils de Dieu. Si vous vous êtes nourri de doctrines arides, vous savez qu'on ne grandit pas beaucoup avec ce genre de nourriture. Les doctrines sont à l'âme ce que sont au corps les rues qui mènent à la maison d'un ami qui m'a invité à dîner. Elles m'y mèneront si je prends la bonne route, mais si je reste dans la rue, ma faim ne sera jamais satisfaite. Se nourrir de doctrines, c'est comme essayer de vivre de cosses sèches ; l'âme qui ne participe pas au partage du Pain envoyé du ciel restera maigre.

Certains se demandent : « Comment puis-je avoir un cœur aimant ? » C'est en croyant. On n'obtient la force d'aimer et de servir Dieu que lorsqu'on croit.

L'apôtre Jean a dit :

> *Si nous recevons le témoignage des hommes,*
> *reconnaissons que le témoignage de Dieu est*
> *plus grand, car c'est le témoignage de Dieu,*
> *celui qu'il a rendu à propos de son Fils. Celui*
> *qui croit au Fils de Dieu possède ce témoi-*
> *gnage en lui-même ; celui qui ne croit pas*
> *Dieu fait de Dieu un menteur, puisqu'il ne*
> *croit pas au témoignage que Dieu a rendu*
> *au sujet de son Fils. Or, voici ce témoignage :*
> *Dieu nous a donné la vie éternelle, et cette vie*
> *est dans son Fils. Celui qui a le Fils a la vie ;*
> *celui qui n'a pas le Fils de Dieu n'a pas la vie*
> (1 Jean 5:9-12).

Les affaires humaines seraient paralysées si nous n'écoutions pas le témoignage des hommes. Comment pourrions-nous mener à bien nos affaires courantes, et comment les affaires fonctionneraient-elles, si nous ignorions le témoignage des hommes ? Les activités sociales et commerciales seraient paralysées en quarante-huit heures ! C'est là le sens de l'argumentation de l'apôtre. *Si nous acceptons le témoignage des hommes, reconnaissons que le témoignage de Dieu est plus grand.* Dieu a rendu témoignage à Jésus-Christ, et si l'homme peut croire ses semblables qui mentent fréquemment et que nous trouvons constamment trompeurs, pourquoi ne prendrions-nous pas Dieu au mot et ne croirions-nous pas son témoignage?

La foi est une croyance en un témoignage. Ce n'est pas un saut dans l'inconnu, comme certains nous le disent. Ce ne serait pas une foi du tout. Dieu ne demande à personne de croire sans lui donner quelque chose à croire. Autant demander à un homme de voir sans yeux, d'entendre sans oreilles et de marcher sans pieds que de lui demander de croire sans lui donner quelque chose à croire.

À mon départ pour la Californie, je me suis procuré un guide routier. Il m'indiquait qu'après avoir quitté l'Illinois, je traverserais le Mississippi, puis le Missouri. Je devais ensuite me rendre dans le Nebraska, traverser les montagnes Rocheuses jusqu'à la colonie mormone de Salt Lake City, puis traverser la Sierra Nevada pour rejoindre San Francisco. Au fur et à mesure de mon voyage, j'ai trouvé le guide exact, et j'aurais été un sceptique absolu si, après avoir vérifié son exactitude jusqu'aux trois quarts du chemin, j'avais déclaré que je n'y croirais pas pour le reste de mon voyage.

Supposons qu'un homme, en m'indiquant le bureau de poste, me parle de dix points de repère que je verrai en chemin, et qu'en m'y dirigeant, je découvre que neuf d'entre eux sont conformes à ses indications. J'aurais alors de bonnes raisons de croire que je suis près du bureau de poste.

Si, en croyant, je reçois une vie nouvelle que je n'ai jamais eue auparavant, pleine d'espoir, de paix, de joie et de repos pour mon âme ; si j'obtiens la maîtrise de moi-même et découvre que j'ai le pouvoir de résister au mal et de faire le bien, alors j'ai une assez bonne preuve que je suis sur la bonne voie vers une *cité qui a de solides fondations, celle dont Dieu est l'architecte et le constructeur* (Hébreux 11:10).

Si les événements se sont produits et se produisent encore comme le rapporte la Parole de Dieu, j'ai de bonnes raisons de conclure que les promesses et les prophéties restantes s'accompliront. Pourtant, les gens doutent. Il ne peut y avoir de vraie foi là où règne la peur. La foi, c'est prendre Dieu au mot, sans condition. Il ne peut y avoir de paix véritable là où règne la peur. *L'amour parfait chasse la peur* (1 Jean 4:18). Quelle misère pour une épouse de douter de son mari, et quelle misère pour une mère de douter de l'affection de son fils après son départ de la maison, simplement parce qu'il la contacte rarement ! Le véritable amour ne doute jamais.

Trois éléments sont indispensables à la foi : la connaissance, l'adhésion et l'appropriation (l'usage personnel de sa foi comme de son propre bien).

Nous devons connaître Dieu. Il est écrit : *Or, la vie éternelle, c'est qu'ils te connaissent, toi, le seul vrai Dieu, et celui que tu as envoyé, Jésus-Christ* (Jean 17:3). Nous devons donc non seulement adhérer à ce que nous savons, mais nous devons nous saisir de la vérité. L'homme ne sera pas sauvé en acceptant simplement le plan du salut ; il doit aussi accepter le Christ comme son Sauveur. Il doit le recevoir et se l'approprier — le prendre comme sien — lui faire personnellement confiance.

Certains disent qu'ils ne savent pas comment la vie d'une personne peut être affectée par ce qu'elle croit. Mais que quelqu'un se mette à crier que le bâtiment dans lequel nous nous trouvons est en feu, vous verrez avec quelle rapidité ce que nous croyons nous pousse à agir et à sortir. Nous sommes constamment influencés par ce que nous croyons. Nous n'y pouvons rien. Si vous croyez au témoignage de Dieu sur le Christ, cela aura rapidement un impact sur votre vie entière.

Considérez Jean 5:24 ; ce verset contient suffisamment de vérité pour que chaque âme puisse se reposer dessus pour son salut. Il ne laisse aucune place au moindre doute. *En vérité, en vérité* — ce qui signifie « vraiment, vraiment » — *je vous le dis, celui qui écoute ma parole et croit à celui qui m'a envoyé a la vie éternelle ; il ne vient pas en jugement, mais il est passé de la mort à la vie.*

Or, si quelqu'un entend réellement la parole de Jésus, croit de tout son cœur en Dieu (qui a envoyé son Fils pour être le Sauveur du monde) et s'empare de ce grand salut, il n'a aucune crainte du jugement. Il ne vivra pas dans la peur du grand trône blanc (Apocalypse 20:11) car nous lisons dans 1 Jean 4:17 : « *C'est en cela que l'amour est parfait en nous, de sorte que nous aurons de l'assurance le jour du jugement, parce que nous sommes dans ce monde tel que lui, il est.* Si nous croyons, il n'y a pour nous ni condamnation ni jugement. Tout cela est derrière nous et appartient au passé ; nous aurons de l'assurance au jour du jugement.

Je me souviens d'avoir lu l'histoire d'un homme qui risquait sa vie dans un procès. Il avait des amis influents, et ils ont obtenu sa grâce auprès du roi à condition qu'il soit jugé et condamné. Il s'est présenté au tribunal avec sa grâce en poche. Les gens étaient très mal disposés envers lui, et le juge a dit que la cour était choquée de le voir si indifférent. Mais lorsque la sentence a été prononcée, l'homme a sorti sa grâce, l'a présentée et est sorti libre. Il avait été gracié, et nous aussi, nous avons été graciés. La mort peut venir, car nous n'avons rien à craindre. Aucun fossoyeur au monde ne peut creuser une tombe assez grande et assez profonde pour y enfermer la vie éternelle. Aucun fabricant de cercueils au monde ne peut fabriquer un cercueil assez grand et assez étanche pour y enfermer la vie éternelle. La mort a mis la main sur le Christ une fois, mais cela n'arrivera plus jamais.

Jésus a dit : *C'est moi qui suis la résurrection et la vie. Celui qui croit en moi vivra, même s'il meurt ; et toute personne qui vit et croit en moi ne mourra jamais* (Jean 11:25-26). Dans l'Apocalypse, nous lisons que le Sauveur ressuscité a dit à Jean : *Je suis [...] le vivant. J'étais mort ; et voici, je suis vivant aux siècles des siècles* (Apocalypse 1:18). La mort ne peut plus l'atteindre.

Nous obtenons la vie en croyant. En fait, nous recevons plus que ce qu'Adam a perdu, car l'enfant de Dieu, celui qu'il a racheté, est l'héritier d'un héritage plus riche et plus glorieux que celui qu'Adam aurait pu imaginer dans le jardin d'Éden. Oui, cet héritage est éternel. Il est absolu et ne peut être retiré.

Je préférerais de loin vivre ma vie cachée avec Christ en Dieu plutôt que de vivre dans le jardin d'Éden. Même si Adam y avait été dix mille ans avant son péché et sa chute, il aurait quand même dû quitter le jardin. En Jésus-Christ, nous sommes éternellement en sécurité. Le croyant est plus en sécurité qu'Adam, si ces choses deviennent réelles pour lui. Faisons-en une réalité et non une fiction. Dieu l'a dit ; c'est suffisant. Faisons-lui confiance même là où nous ne le voyons pas. Soyons animés de la même confiance que celle que la petite Maggie a manifestée dans cette histoire, simple mais touchante, que j'ai lue dans *The Bible Treasury*[2] :

« J'avais été absent de la maison pendant quelques jours et, en approchant de la ferme, je me demandais si ma petite Maggie, à peine assez grande pour se tenir assise toute seule, se souviendrait de moi. Pour tester sa mémoire, je me suis posté là où je pouvais la voir, mais où elle ne me voyait pas, et je l'ai appelée sur un ton familier : "Maggie !" Elle a laissé tomber ses jouets, a jeté un coup d'œil autour de la pièce, puis a baissé les yeux sur ses jouets. J'ai répété son nom : "Maggie !" Elle a de nouveau regardé autour d'elle, mais ne voyant pas le visage de son père, elle a eu l'air très triste et s'est lentement remise à jouer avec ses jouets. J'ai de nouveau appelé "Maggie !" Elle a laissé tomber ses jouets et a fondu en larmes en tendant les bras dans la direction d'où venait la voix. Elle savait que, même si elle ne me voyait pas, je devais être là, car elle connaissait ma voix. »

Maintenant, nous avons le pouvoir de voir et d'entendre, et nous avons le pouvoir de croire. Il est insensé pour les sceptiques de prétendre qu'ils ne peuvent pas croire. Ils le peuvent, s'ils le veulent. Mais le problème de la plupart des gens, c'est qu'ils associent le sentiment à la croyance. Le sentiment n'a absolument rien à voir avec la croyance. La Bible ne dit pas que « celui qui ressent » ou « celui qui ressent et croit » a la vie éternelle. Rien de tel. Jésus a dit : *Celui qui croit en moi a la vie éternelle* (Jean 6:47). Je ne peux pas contrôler

---

2    *The Bible Treasury* (« Le Trésor de la Bible ») : magazine paru de 1856 à 1920.

ce que je ressens. Si je le pouvais, je ne serais jamais malade, je n'aurais jamais mal à la tête ou aux dents. Je serais toujours en bonne santé. Mais je peux croire en Dieu ; si nous posons les pieds sur ce roc, les doutes et les peurs peuvent venir, et les vagues déferler autour de nous, nous aurons un solide ancrage.

Certaines personnes s'interrogent constamment sur leur foi. La foi est la main qui reçoit la bénédiction. On m'a raconté cette histoire d'un mendiant. Imaginez que vous rencontriez dans la rue un homme que vous connaissez depuis des années comme mendiant. Imaginez que vous lui offriez de l'argent et qu'il vous dise :

« Merci, mais je ne veux pas de votre argent. Je ne suis pas un mendiant.

— Comment ça ?

— Hier soir, un homme m'a donné mille dollars.

— C'est bien vrai ? Comment avez-vous su que c'était vraiment de l'argent ?

— Je l'ai apporté à la banque, je l'ai déposé et on m'a ouvert un livret bancaire.

— Comment avez-vous reçu ce cadeau ?

— J'ai demandé l'aumône, l'homme m'a parlé, ensuite il a sorti mille dollars en espèces et me les a mis dans la main.

— Comment savez-vous qu'il les a mis dans la bonne main ?

— Qu'est-ce que ça peut me faire de savoir dans quelle main il a mis l'argent, du moment que j'ai reçu cet argent ? »

Beaucoup de gens se demandent toujours si la foi

par laquelle ils reçoivent Christ est la bonne, mais ce qui est bien plus essentiel, c'est d'être sûr que le Christ que nous recevons est véritable.

La foi est l'œil de l'âme, et qui songerait à s'arracher un œil pour vérifier s'il est bon, pourvu que sa vue soit parfaite ? Ce n'est pas mon goût, mais ce que je goûte qui satisfait mon appétit. Ainsi, chers amis, ce qui nous sauvera, c'est de prendre Dieu au mot. La vérité ne peut être trop simple.

Un homme de New York possède une maison au bord de l'Hudson. Sa fille et sa famille sont allées passer l'hiver avec lui et, au cours de la saison, une épidémie de scarlatine s'est déclarée. Une petite fille a été mise en quarantaine pour être séparée des autres. Chaque matin, le vieux grand-père allait saluer sa petite-fille avant d'aller travailler. Un jour, la petite fille a pris le vieil homme par la main et l'a conduit dans un coin de sa chambre. Sans un mot, elle a désigné l'endroit du sol où elle avait écrit avec des biscuits alphabet : « Grand-père, je voudrais une boîte de peinture. » Il n'a rien dit. De retour à la maison, il a accroché son manteau et s'est rendu dans la chambre comme d'habitude. Sa petite-fille, sans regarder si son souhait avait été exaucé, l'a emmené dans le même coin. Là, il a vu, écrit de la même manière : « Grand-père, je te remercie pour la boîte de peinture. » Le vieil homme n'aurait manqué de faire plaisir à l'enfant pour rien au monde. C'est cela, la foi.

La foi, c'est prendre Dieu au mot, et ceux qui veulent un signe s'attirent toujours des ennuis. Dieu le dit ; croyons-le.

Mais certains disent que la foi est un don de Dieu. L'air aussi, mais il faut le respirer. Le pain aussi, mais il faut le manger. L'eau aussi, mais il faut la boire. Certains recherchent une sensation miraculeuse. Ce n'est pas la foi. *La foi vient de ce qu'on entend, et ce qu'on entend vient de la parole de Dieu* (Romains 10:17). C'est de là que vient la foi. Il ne s'agit pas de m'asseoir et d'attendre que la foi m'envahisse en s'accompagnant d'une sensation étrange ; il s'agit pour moi de prendre Dieu au mot. On ne peut croire sans avoir quelque chose à croire. Acceptez la Parole telle qu'elle est écrite et appropriez-la-vous. Revendiquez-la comme vôtre et accrochez-vous-y.

Dans Jean 6:47-48, nous lisons : *En vérité, en vérité, je vous le dis, celui qui croit en moi a la vie éternelle. JE SUIS le pain de la vie.* Le pain est tout près. Prenez-en une part. Je pourrais avoir des milliers de pains chez moi et des milliers de personnes affamées qui attendent qu'on leur donne un pain. Elles pourraient admettre que le pain est là, mais si elles ne prenaient pas chacune un pain et ne commençaient pas à manger, leur faim ne serait pas satisfaite. Ainsi, le Christ est le pain du ciel et, de même que le corps se nourrit d'aliments naturels, l'âme doit se nourrir du Christ.

Si un homme en train de se noyer voit une corde lancée pour le sauver, il doit s'y accrocher ; pour cela, il doit tout laisser tomber. Si un homme est malade, il doit prendre son médicament, car le simple fait de le regarder ne le guérira pas. La connaissance du Christ ne sera d'aucune aide pour celui qui doute, à moins qu'il ne croie en lui et ne le reçoive comme son seul espoir. Les Israélites mordus auraient pu croire que le serpent avait été placé sur une perche, mais s'ils n'avaient pas regardé, ils n'auraient pas survécu (Nombres 21:6-9).

Je crois qu'un certain paquebot me fera traverser l'océan car je l'ai déjà pris ; mais cela n'aidera pas un autre homme qui voudrait traverser, à moins qu'il n'agisse selon la connaissance que j'en ai. Ainsi, la connaissance du Christ ne nous aide que si nous agissons en conséquence. Voilà ce que signifie croire au Seigneur Jésus-Christ. C'est agir selon ce que nous croyons. Tout comme quelqu'un embarque sur un navire pour traverser l'Atlantique, nous devons accepter le Christ et lui confier notre âme. Il a promis de protéger tous ceux qui placent leur confiance en lui. Croire au Seigneur Jésus-Christ, c'est simplement le prendre au mot.

# Chapitre 4

# Conseils

*Il ne cassera pas le roseau abîmé* (Ésaïe 42:3 ;
Matthieu 12:20).

Il est dangereux pour ceux qui cherchent le salut de
s'appuyer sur l'expérience des autres et de ne pas
expérimenter le salut par eux-mêmes. Nombreux
sont ceux qui s'attendent à revivre l'expérience de leur
grand-père ou de leur grand-mère. J'avais un ami qui
s'est converti dans un champ, et il pensait que toute la
ville devrait descendre dans ce pré et se convertir. Un
autre s'est converti sous un pont, et il pensait que si un
sceptique s'y rendait, il trouverait le Seigneur. Le mieux
pour les anxieux est de se tourner directement vers la
Parole de Dieu. S'il y a des personnes au monde pour
qui la Parole devrait être très précieuse, ce sont celles
qui demandent comment être sauvées.

Par exemple, quelqu'un pourrait dire : « Je n'ai pas
de force. » Qu'il se tourne vers Romains 5:6 : *En effet,*

*alors que nous étions encore sans force, Christ est mort pour des pécheurs au moment fixé.* C'est parce que nous n'avons pas de force que nous avons besoin du Christ. Il est venu fortifier les faibles.

Un autre pourrait dire : « Je ne vois rien. » Le Christ dit : *Je suis la lumière du monde* (Jean 8:12). Il est venu non seulement pour donner la lumière, mais aussi pour ouvrir les yeux des aveugles (Ésaïe 42:7).

D'autres diront : « Je ne pense pas qu'on puisse être sauvé d'un seul coup. » Un soir, une personne partageant ce point de vue me consultait, et j'ai attiré son attention sur Romains 6:23 : *En effet, le salaire du péché, c'est la mort, mais le don gratuit de Dieu, c'est la vie éternelle en Jésus-Christ notre Seigneur.* Combien de temps faut-il pour accepter un don ? Il doit y avoir un moment où on ne l'a pas et un autre où on l'a — un moment où il appartient à quelqu'un d'autre et le suivant où il est à soi. Il ne faut pas six mois pour obtenir la vie éternelle. Cela peut être comme un grain de moutarde, très petit au début. Certaines personnes se convertissent si progressivement que, comme la lumière du matin, il est impossible de dire quand l'aube a commencé ; tandis que pour d'autres, c'est comme l'éclat d'un météore et la vérité les frappe soudainement. Je n'ai pas besoin de changer de trottoir pour me prouver à quel moment je me suis converti, mais l'important est pour moi de savoir que je l'ai vraiment été.

Un enfant peut avoir été si soigneusement éduqué qu'il soit impossible de dire quand sa nouvelle naissance a commencé, mais il doit y avoir eu un moment où le changement a eu lieu et où il est devenu participant de la nature divine.

Certains ne croient pas à la conversion soudaine, mais je mets quiconque au défi de citer une conversion dans le Nouveau Testament qui n'ait pas été instantanée. Il est écrit : *En passant, [Jésus] vit un homme assis au bureau des taxes et qui s'appelait Matthieu. Il lui dit : « Suis-moi. » Cet homme se leva et le suivit* (Matthieu 9:9). Rien ne pouvait être plus soudain.

Zachée, le collecteur d'impôts, a cherché à voir Jésus et, comme il était petit, il a grimpé sur un arbre. Il est écrit : *Lorsque Jésus fut arrivé à cet endroit, il leva les yeux, le vit et lui dit : Zachée, dépêche-toi de descendre* (Luc 19:5). Sa conversion a dû avoir lieu quelque part entre la branche sur laquelle il se tenait et le sol. On nous rapporte qu'il a reçu Jésus avec joie et a dit : *Seigneur, je donne aux pauvres la moitié de mes biens ; et si j'ai causé du tort à quelqu'un, je lui rends le quadruple* (Luc 19:8). Rares sont ceux qui, de nos jours, pourraient affirmer une telle chose pour prouver leur conversion.

Toute la maison de Corneille a été convertie subitement. Pierre lui a annoncé le Christ, ainsi qu'à ceux qui étaient avec lui ; le Saint-Esprit est descendu sur eux, et ils ont été baptisés (Actes 10).

Le jour de la Pentecôte, trois mille personnes ont reçu la Parole avec joie. Non seulement elles ont été converties, mais encore elles ont été baptisées le jour même (Actes 2).

Tandis que Philippe parlait à l'eunuque, celui-ci lui a dit : *Voici de l'eau. Qu'est-ce qui empêche que je sois baptisé ?* Philippe a répondu : *Si tu crois de tout ton cœur, cela est possible.* Ils sont descendus dans l'eau, et l'homme, qui jouissait d'une haute situation auprès de

Candace, la reine d'Éthiopie, a été baptisé et a poursuivi son chemin tout joyeux (Actes 8:26-38). Vous trouverez tout au long des Écritures des conversions soudaines et instantanées.

Supposons qu'un homme ait l'habitude de voler l'argent de son employeur. S'il a pris 1 000 dollars cette année, devrions-nous lui dire de ne prendre que 500 dollars l'année suivante, puis moins l'année suivante et la suivante encore, jusqu'à ce que, dans cinq ans, la somme volée ne soit plus que de 50 dollars ? Cette approche serait basée sur le même principe que la conversion graduelle.

Si une telle personne était traduite devant un tribunal et graciée parce qu'elle ne pouvait pas changer sa vie de criminel du jour au lendemain, cela serait considéré comme une procédure très étrange.

La Bible dit : *Que celui qui volait cesse de voler* (Éphésiens 4:28). C'est un revirement complet ! Imaginez qu'une personne ait l'habitude de jurer cent fois par jour. Devrions-nous lui conseiller de ne pas jurer plus de quatre-vingt-dix fois le lendemain, puis quatre-vingts fois le surlendemain, afin qu'elle se débarrasse de cette habitude ? Le Sauveur dit : *Mais moi, je vous dis de ne pas jurer du tout* (Matthieu 5:34).

Supposons qu'un autre homme ait l'habitude de s'enivrer et de battre sa femme deux fois par mois ; s'il ne la battait qu'une fois par mois, puis une fois tous les six mois, cela serait aussi raisonnable qu'une conversion progressive. Supposons qu'Ananias ait été envoyé auprès de Paul qui, en route pour Damas, menaçait de tuer les disciples de Jésus et de les jeter en prison. Ananias lui aurait-il conseillé de ne pas tuer autant de personnes qu'il le souhaitait, ou de laisser la haine s'éteindre progressivement dans son cœur, mais pas d'un seul coup ? Supposons qu'on ait conseillé à Paul de ne pas cesser immédiatement de proférer des menaces de meurtre ou de ne pas prêcher le Christ, parce que les philosophes diraient que le changement était si soudain qu'il ne durerait pas. Ce serait le même genre de raisonnement que celui qu'utilisent ceux qui ne croient pas à la conversion instantanée.

Un autre groupe dira qu'il craint que les nouveaux croyants ne tiennent pas ferme — qu'ils s'éloignent de Jésus. Ce groupe est nombreux et donne bon espoir. J'aime voir un homme se défier de lui-même. Il est bon pour ces personnes de se tourner vers Dieu et de se rappeler que ce n'est pas elles qui gardent Dieu, mais que c'est Dieu qui les garde. Certains souhaitent recevoir le Christ, mais l'important est que le Christ les reçoive en réponse à leur prière. Que ceux qui se trouvent dans cette situation lisent le Psaume 121 :

> *Je lève mes yeux vers les montagnes : d'où me viendra le secours ?*
>
> *Le secours me vient de l'Éternel, qui a fait les cieux et la terre.*
>
> *Qu'il ne permette pas à ton pied de trébucher, qu'il ne somnole pas, celui qui te garde !*

*Non, il ne somnole pas, il ne dort pas, celui qui garde Israël.*

*L'Éternel est celui qui te garde, l'Éternel est ton ombre protectrice, il se tient à ta droite.*

*Pendant le jour, le soleil ne te fera pas de mal ni la lune pendant la nuit.*

*L'Éternel te gardera de tout mal, il gardera ta vie.*

*L'Éternel gardera ton départ et ton arrivée dès maintenant et pour toujours.*

Quelqu'un a appelé ce texte le psaume du voyageur. C'est un beau psaume pour nous qui sommes pèlerins à travers ce monde, et c'est un psaume que nous devrions bien connaître.

Dieu peut accomplir ce qu'il a déjà accompli. Il a gardé Joseph en Égypte, Moïse devant Pharaon, Daniel à Babylone, et il a permis à Élie de tenir tête à Achab en ce jour sombre. Je suis vraiment reconnaissant que ces hommes aient été *de la même nature que nous* (Jacques 5:17). C'est par Dieu qu'ils sont devenus si grands. Ce que nous devons faire, c'est nous tourner vers Dieu. La vraie foi, c'est la faiblesse de l'homme qui s'appuie sur la force de Dieu. Quand l'homme est sans force, il peut s'appuyer sur Dieu et devenir puissant. Le problème, c'est que nous avons trop de force et de confiance en nous-mêmes.

Hébreux 6:17-20 nous transmet un message similaire :

> *C'est pourquoi Dieu, voulant montrer plus*
> *clairement encore aux héritiers de la pro-*
> *messe le caractère irrévocable de sa décision,*
> *est intervenu par un serment. Ainsi, par*
> *deux actes irrévocables dans lesquels il est*
> *impossible que Dieu mente, nous sommes*
> *puissamment encouragés, nous dont le seul*
> *refuge a été de saisir l'espérance qui nous*
> *était proposée. Cette espérance, nous la*
> *possédons comme une ancre solide et sûre*
> *de l'âme ; elle pénètre derrière le voile, là où*
> *Jésus, établi grand-prêtre pour toujours à la*
> *manière de Melchisédek, est entré pour nous*
> *en précurseur.*

Ces versets sont précieux pour ceux qui ont peur de tomber, qui craignent de ne pas tenir bon. Tenir, c'est l'œuvre de Dieu. C'est le devoir du berger de garder les brebis. Qui a un jour entendu dire que les brebis ramèneraient le berger ? Les gens pensent qu'ils doivent se protéger eux-mêmes et protéger le Christ. C'est une idée fausse. Le rôle du Bon Berger est de veiller sur ses brebis et de prendre soin des personnes qui lui font confiance. Il a promis de le faire. J'ai entendu un jour qu'un capitaine de navire, alors qu'il était mourant, avait dit : « Gloire à Dieu ! L'ancre tient bon. » Il avait confiance en Christ. Son ancre avait accroché le roc. Un Irlandais a dit un jour qu'il avait tremblé, mais que le Rocher ne tremblait jamais. Nous voulons avoir une assise solide.

Dans 2 Timothée 1:12, Paul a dit : *Je sais en qui j'ai cru et j'ai la conviction qu'il a la puissance de garder le dépôt qu'il m'a confié jusqu'à ce jour-là.* C'était la conviction de Paul.

Durant la fin de la guerre de Sécession, alors qu'un aumônier visitait les hôpitaux, il a rencontré un homme mourant. Apprenant qu'il était chrétien, l'aumônier lui a demandé à quelle conviction ou à quel groupe religieux il se rattachait, et on lui a répondu :

« La conviction de Paul.

— Est-il méthodiste ? a demandé l'aumônier, car tous les méthodistes se réclament de Paul.

— Non.

— Est-il presbytérien ? a-t-il demandé, car les presbytériens se réclament particulièrement de Paul.

— Non.

— Appartient-il à l'Église épiscopalienne ? a-t-il encore demandé, car tous les frères épiscopaliens affirment se recommander du chef des apôtres.

— Non, il n'est pas épiscopalien.

— Alors, à quelle conviction se rattache-t-il ?

— Il a dit : *J'ai la conviction qu'il est capable de garder ce que je lui ai confié jusqu'à ce jour-là.* »

C'est une grande conviction, et elle a donné du repos au soldat mourant à l'heure de la mort.

Que ceux qui craignent de ne pas tenir bon se tournent vers le verset 24 de l'épître de Jude : *À celui qui peut vous garder de toute chute et vous faire paraître devant sa gloire irréprochables et dans l'allégresse [...].*

Regardez ensuite Ésaïe 41:10 : *N'aie pas peur, car je suis moi-même avec toi. Ne promène pas des regards inquiets, car je suis ton Dieu. Je te fortifie, je viens à ton secours, je te soutiens par ma main droite, la main de la justice.*

Voyez ensuite le verset 13 : *En effet, c'est moi, l'Éternel, ton Dieu, qui empoigne ta main droite et qui te dis : « N'aie pas peur ! Je viens moi-même à ton secours. »*

Or, si Dieu tient ma main droite dans la sienne, ne peut-il pas me tenir et me garder ? Dieu n'a-t-il pas le pouvoir de me garder ? Le grand Dieu, créateur du ciel et de la terre, peut garder un pauvre pécheur comme vous et moi si nous lui faisons confiance. Refuser de placer sa confiance en Dieu par peur de tomber serait une attitude semblable à celle d'un homme qui refuserait d'être gracié de peur d'aller de nouveau en prison, ou à celle d'un homme en train de se noyer qui refuserait d'être secouru par peur de retomber à l'eau.

Nombreux sont ceux qui, en considérant la vie chrétienne, craignent de ne pas avoir la force de tenir jusqu'au bout. Ils oublient la promesse de Deutéronome 33:25 : *Que ta vigueur dure autant que ta vie !* Cela me rappelle l'histoire d'une horloge dont le pendule était découragé à l'idée de devoir parcourir tant de milliers de kilomètres, mais quand il s'est rendu compte que cette distance devait être parcourue « tic-tac après tic-tac », ça lui a donné un nouveau courage pour poursuivre son voyage quotidien. C'est donc le privilège particulier du chrétien de s'engager sous la protection de son Père céleste et de lui faire confiance jour après jour. Il est réconfortant de savoir que le Seigneur ne commencera pas sa bonne œuvre sans l'achever (Philippiens 1:6).

Il existe deux types de sceptiques. Les uns ont

des difficultés sincères et cherchent des réponses ; les autres se complaisent dans la discussion, mais refusent d'écouter ou de raisonner. Je pensais autrefois que ces derniers seraient toujours une épine dans mon pied, mais ils ne me gênent plus maintenant. Je m'attends maintenant à les rencontrer tout au long de mon cheminement. Des hommes de ce genre fréquentaient autrefois le Christ pour faire en sorte qu'il s'embrouille dans ses discours. Ils viennent à nos réunions pour discuter. Je leur recommande le conseil de Paul à Timothée : *Repousse les spéculations folles et stupides, sachant qu'elles font naître des conflits* (2 Timothée 2:23). Beaucoup de jeunes convertis commettent une grave erreur en pensant qu'ils doivent défendre la Bible dans son intégralité. Je connaissais très peu la Bible au début de ma conversion, et je pensais devoir la défendre de la première à la dernière page contre tous ceux qui venaient, mais un sceptique de Boston m'a affronté, a d'un coup réduit tous mes arguments à néant et m'a découragé. Je m'en suis remis maintenant. Il y a dans la Parole de Dieu beaucoup de choses que je ne prétends pas comprendre.

Quand on me demande ce que j'en fais, je réponds : « Je n'en fais rien.

— Comment les expliquez-vous ?

— Je ne les explique pas.

— Qu'est-ce que vous en faites ?

— Eh bien, je les crois. »

Et quand quelqu'un me dit : « Je ne peux rien croire sans le comprendre », je réponds simplement : « Moi, si. »

Il y a beaucoup de choses qui me semblaient obscures

et mystérieuses il y a cinq ans, et sur lesquelles j'ai depuis été éclairé. Je m'attends à découvrir de nouvelles choses sur Dieu tout au long de l'éternité. Je mets un point d'honneur à ne pas discuter des passages controversés des Écritures. Un vieux prédicateur a dit que certaines personnes, si elles veulent manger du poisson, commencent par en retirer les arêtes. Quant à moi, j'attends de voir clair dans ces choses. Je ne suis pas obligé d'expliquer ce que je ne comprends pas. Il est écrit : *Les choses cachées sont pour l'Éternel, notre Dieu ; les choses révélées sont pour nous et nos enfants, à toujours* (Deutéronome 29:29). Ce sont elles que je prends, j'en mange et je m'en nourris pour prendre des forces spirituelles.

Il y a un bon conseil dans Tite 3:9 : *Mais les folles spéculations, les généalogies, les disputes, les conflits relatifs à la loi, évite-les, car ils sont nuisibles et sans valeur.*

Si je rencontre un sceptique sincère, je le traite avec la même tendresse qu'une mère traiterait son enfant malade. Je n'éprouve aucune sympathie pour ceux qui, parce qu'un homme est sceptique, le rejettent et ne veulent rien avoir à faire avec lui.

Il y a quelque temps, lors d'une réunion, j'ai confié une dame sceptique à une chrétienne que je connaissais depuis un certain temps, en pensant qu'elle s'occuperait bien d'elle. Peu après, en regardant autour de moi, j'ai vu la dame quitter la salle. J'ai demandé : « Pourquoi l'avez-vous laissée partir ? »

« Oh, c'est une sceptique ! » a-t-elle répondu. J'ai couru à la porte et je l'ai arrêtée. Je l'ai présentée à un autre chrétien, qui a passé plus d'une heure avec elle en conversation et en prière. Il leur a rendu visite, à elle et à son mari, et en une semaine, cette femme intelligente s'est débarrassée de son scepticisme et est devenue une chrétienne active. Cela a demandé du temps, du tact et de la prière, mais si une personne est honnête, nous devrions la traiter comme le Maître l'aurait fait avec nous.

Voici quelques passages pour les personnes qui doutent : *Si quelqu'un veut faire la volonté de Dieu, il saura si mon enseignement vient de Dieu ou si je parle de ma propre initiative* (Jean 7:17). Si quelqu'un ne veut pas faire la volonté de Dieu, il ne connaîtra pas ce que Dieu veut lui enseigner. Il n'y a pas de sceptique qui ignore que Dieu désire le voir abandonner le péché. Si quelqu'un est disposé à se détourner du péché, à recevoir la lumière et à remercier Dieu pour ce qu'il donne, sans s'attendre à comprendre pleinement toute la Bible d'un seul coup, il recevra davantage de lumière de jour en jour, progressera pas à pas et sera conduit hors des ténèbres vers la lumière du ciel.

Dans Daniel 12:10, il nous est dit : *Beaucoup seront purifiés, épurés et affinés. Les méchants feront le mal et aucun d'eux ne comprendra, tandis que ceux qui seront perspicaces comprendront.* Dieu ne révélera jamais ses secrets à ses ennemis. Jamais ! Et si quelqu'un persiste à vivre dans le péché, il ne connaîtra pas les enseignements de Dieu.

Il est écrit : *L'Éternel confie ses secrets à ceux qui le craignent, il leur fait connaître son alliance* (Psaume 25:14). Dans Jean 15:15, nous lisons : *Je ne vous appelle plus serviteurs parce que le serviteur ne sait pas ce que fait son seigneur, mais je vous ai appelés amis parce que je vous ai fait connaître tout ce que j'ai appris de mon Père.* Si vous devenez amis du Christ, vous connaîtrez ses secrets. Il est écrit dans Genèse 18:17 : *Alors l'Éternel dit : « Cacherai-je à Abraham ce que je vais faire ? »*

Ceux qui ressemblent à Dieu sont les plus susceptibles de le comprendre. Si quelqu'un refuse de se détourner du péché, il ne connaîtra pas la volonté de Dieu et Dieu ne lui révélera pas ses secrets. Mais si quelqu'un est disposé à se détourner du péché, il sera surpris de voir la lumière lui parvenir !

Je me souviens d'un soir au cours duquel la Bible me semblait le livre le plus aride et le plus sombre de l'univers. Le lendemain, tout a changé. Je pensais en avoir la clé. J'étais né de l'Esprit. Mais avant de connaître la pensée de Dieu, j'ai dû renoncer au péché. Je crois que Dieu rencontre chaque âme au moment où elle s'abandonne à lui, lorsqu'elle est prête à se laisser guider et diriger par lui. Le problème de nombreux sceptiques, c'est leur vanité. Ils pensent en savoir plus que le Tout-Puissant et ne s'approchent pas avec un esprit réceptif. Mais dès qu'une personne s'approche avec un esprit réceptif, elle est bénie. Il est écrit : *Si l'un de vous manque de sagesse, qu'il la demande à Dieu, qui donne à tous simplement et sans faire de reproche, et elle lui sera donnée* (Jacques 1:5).

# Chapitre 5

# Un Sauveur divin

*Tu es le Messie, le Fils du Dieu vivant*
(Matthieu 16:16 ; Jean 6:69).

Il y a une catégorie de sceptiques qui ne croit pas à la divinité du Christ. De nombreux passages éclairent ce sujet. 1 Corinthiens 15:47 nous dit : *Le premier homme, tiré de la terre, est fait de poussière, le second homme, [le Seigneur,] est du ciel.*

1 Jean 5:20 dit : *Mais nous savons aussi que le Fils de Dieu est venu et nous a donné l'intelligence pour connaître le vrai Dieu ; et nous sommes unis au vrai Dieu si nous sommes unis à son Fils Jésus-Christ. C'est lui qui est le vrai Dieu et la vie éternelle.*

Lisez Jean 17:3 : *Or, la vie éternelle, c'est qu'ils te connaissent, toi, le seul vrai Dieu, et celui que tu as envoyé, Jésus-Christ.*

Considérez ensuite Marc 14:60-64 : *Alors le grand-prêtre se leva au milieu de l'assemblée et interrogea*

*Jésus en disant : « Ne réponds-tu rien ? Pourquoi ces gens témoignent-ils contre toi ? » Mais Jésus gardait le silence et ne répondit rien. Le grand-prêtre l'interrogea de nouveau et lui dit : « Es-tu le Messie, le Fils du Dieu béni ? » Jésus répondit : « Je le suis. Et vous verrez le Fils de l'homme assis à la droite du Tout-Puissant et venant sur les nuées du ciel. » Alors le grand-prêtre déchira ses vêtements et dit : « Qu'avons-nous encore besoin de témoins ? Vous avez entendu le blasphème. Qu'en pensez-vous ? » Tous le condamnèrent, déclarant qu'il méritait la mort.*

Ce qui m'a amené à croire en la divinité du Christ, c'est que je ne savais ni comment le catégoriser, ni le décrire, ni quoi faire de lui, s'il n'était pas divin. Enfant, je le considérais comme un homme bon, comme Moïse, Joseph ou Abraham. Je le considérais même comme le meilleur homme ayant jamais vécu sur terre. Mais j'ai découvert que le Christ avait une prétention plus élevée. Il prétendait être un homme et être un avec Dieu, être divin et être venu du ciel. Il a dit : *En vérité, en vérité, je vous le dis, avant qu'Abraham soit né, JE SUIS* (Jean 8:58). Je ne comprenais pas cela, et j'en étais arrivé à la conclusion — et je mets toute personne honnête au défi de nier cette conclusion ou de réfuter cet argument — que Jésus-Christ est soit un imposteur, un trompeur, soit l'Homme-Dieu — Dieu manifesté dans la chair.

Voici quelques raisons pour lesquelles il en est ainsi. Le premier commandement est : *Tu n'auras pas d'autres dieux devant moi* (Exode 20:3). Voyez les millions de personnes de la chrétienté qui adorent Jésus-Christ comme Dieu. Si Jésus n'est pas Dieu, c'est de l'idolâ-trie. Nous serions tous coupables d'avoir transgressé le premier commandement si Jésus-Christ n'était qu'un homme, un être créé, et non ce qu'il prétend être.

Certains, qui n'admettent pas sa divinité, disent que c'était le meilleur homme qui ait jamais vécu ; mais s'il n'était pas divin, il ne devrait pas être considéré comme un homme bon, car il revendiquait un honneur et une dignité pour lesquels ces mêmes personnes affirment qu'il n'avait aucun droit ni titre. Ce qui le classerait parmi les imposteurs.

D'autres disent qu'il se croyait divin, mais qu'il s'est trompé, comme si Jésus-Christ, égaré par l'illusion et la tromperie, se croyait plus que ce qu'il était ! Je ne peux concevoir une opinion plus basse de Jésus-Christ. Cela le ferait non seulement passer pour un imposteur, mais aussi pour un fou, ignorant qui il était et d'où il venait. Or, si Jésus-Christ n'était pas ce qu'il prétendait être — le Sauveur du monde — et s'il n'était pas venu du ciel, c'était de manière flagrante un imposteur.

Mais comment peut-on lire la vie de Jésus-Christ et le prendre pour un imposteur ? On a généralement une motivation pour être un imposteur. Quelle était la motivation du Christ ? Il savait que son chemin le mènerait à la croix, que son nom serait rejeté comme infâme et que nombre de ses disciples seraient appelés à donner leur vie pour lui. Presque tous les apôtres sont devenus des martyrs, et ils étaient considérés comme des ordures au milieu du peuple. Si quelqu'un est un imposteur, il y a une motivation derrière son hypo-crisie. Mais quelle était la motivation du Christ ? Le récit montre qu'il *allait de lieu en lieu en faisant le bien* (Actes 10:38). Ce n'est pas l'œuvre d'un imposteur. Ne vous laissez pas tromper par l'ennemi de votre âme.

Dans Jean 5:21-23, nous lisons : *En effet, tout comme le Père ressuscite les morts et donne la vie, le Fils aussi donne la vie à qui il veut. Le Père ne juge personne, mais il a remis tout jugement au Fils afin que tous honorent le Fils comme ils honorent le Père. Celui qui n'honore pas le Fils n'honore pas le Père qui l'a envoyé.*

Selon la loi juive, tout blasphémateur devait être mis à mort ; si Jésus-Christ n'était qu'un simple humain, alors c'est un blasphème de dire : *Celui qui n'honore pas le Fils n'honore pas le Père.* C'est un blasphème pur et simple si le Christ n'est pas divin. Si Moïse, Élie, Élisée ou tout autre mortel avait dit : « Vous devez m'honorer comme vous honorez Dieu » et s'était mis au même niveau que Dieu, cela aurait été un blasphème absolu.

Les Juifs ont mis le Christ à mort parce qu'ils disaient qu'il n'était pas ce qu'il prétendait être. C'est sur la foi de ce témoignage qu'il a été mis sous serment. Le grand-prêtre a dit : *Je t'adjure, par le Dieu vivant, de nous dire si tu es le Messie, le Fils de Dieu* (Matthieu 26:63). *Les Juifs l'entourèrent et lui dirent : « Jusqu'à quand nous laisseras-tu dans l'incertitude ? Si tu es le Messie, dis-le-nous franchement. »* Jésus a répondu : « *Le Père et moi, nous sommes un.* » *Alors les Juifs prirent de nouveau des pierres pour le lapider* (Jean 10:24, 30-31). Ils ont dit qu'ils ne voulaient pas en entendre davantage, car c'était un blasphème. C'est pour s'être déclaré Fils de Dieu que Jésus a été condamné et mis à mort (Matthieu 26:63-66).

Or, si Jésus-Christ n'était qu'un homme, alors les Juifs auraient agi conformément à leur loi en le mettant à mort. Dans Lévitique 24:16, nous lisons : *Celui qui blasphémera le nom de l'Éternel sera puni de mort. Toute l'assemblée le lapidera. Qu'il soit étranger ou israélite, il mourra pour avoir blasphémé le nom de Dieu.* Cette loi les obligeait à mettre à mort quiconque blasphémait. C'est cette déclaration de divinité qui a coûté la vie à Jésus, et selon la loi mosaïque, il devait être condamné à mort. Dans Jean 16:15, Jésus dit : *Tout ce que le Père possède est aussi à moi ; voilà pourquoi j'ai dit qu'il prend de ce qui est à moi et qu'il vous l'annoncera.* Comment pouvait-il être un homme droit et tenir un tel langage ? Depuis ma conversion, aucun doute ne m'est venu à l'esprit sur ce point. On a un jour demandé à un homme qui avait mené une vie de péché comment il pouvait prouver la divinité du Christ. Sa réponse a été : « Eh bien, il m'a sauvé ; c'est une assez bonne preuve, n'est-ce pas ? »

Un non-croyant m'a dit un jour :

« J'ai étudié la vie de Jean-Baptiste, Monsieur Moody. Pourquoi ne prêchez-vous pas davantage à son sujet ? C'était un personnage plus grand que le Christ. Vous accompliriez une œuvre plus grande.

— Mon ami, lui ai-je dit, prêchez Jean-Baptiste, je vous suivrai en prêchant le Christ, et nous verrons qui fera le plus de bien.

— C'est vous qui ferez le plus de bien, a-t-il dit, parce que les gens sont très superstitieux. »

Ah ! Jean a été décapité, et ses disciples ont réclamé son corps et l'ont enseveli, mais le Christ est ressuscité.

Le psalmiste a annoncé à son sujet : *Tu es monté sur les hauteurs [la demeure de Dieu], tu as emmené des prisonniers, tu as pris des dons parmi les hommes* (Psaume 68:19). Notre Christ est vivant. Beaucoup n'ont pas compris que le Christ est ressuscité. Ils adorent un Sauveur mort. Ils sont comme Marie, qui a dit : *Ils ont enlevé mon Seigneur, et je ne sais pas où ils l'ont mis* (Jean 20:13). Voilà le problème de ceux qui doutent de la divinité de notre Seigneur.

Ensuite, regardez Matthieu 18:20 : *Là où deux ou trois sont assemblés en mon nom, je suis au milieu d'eux.* Eh bien, si Jésus n'est qu'un homme, comment peut-il être là ? Tous ces passages sont éloquents. Nous lisons encore dans Matthieu 28:18 : *Jésus s'approcha et leur dit : « Tout pouvoir m'a été donné dans le ciel et sur la terre ».* S'il était un simple homme, parlerait-il ainsi ? *Tout pouvoir m'a été donné dans le ciel et sur la terre.* Lisez Matthieu 28:20 : *Enseignez-leur à mettre en pratique tout ce que je vous ai prescrit. Et moi, je suis avec vous tous les jours jusqu'à la fin du monde.* S'il n'était qu'un homme, comment pourrait-il être avec nous ? Pourtant, il dit : *Je suis avec vous tous les jours jusqu'à la fin du monde.*

Voyez maintenant Marc 2:7-9 : *« Pourquoi cet homme parle-t-il ainsi ? Il blasphème. Qui peut pardonner les péchés, si ce n'est Dieu seul ? » Jésus sut aussitôt dans son esprit qu'ils raisonnaient ainsi en eux-mêmes, et il leur dit : « Pourquoi raisonnez-vous ainsi dans vos cœurs ? Qu'est-ce qui est le plus facile à dire au paralysé : "Tes péchés sont pardonnés", ou : "Lève-toi, prends ton brancard et marche" ? Afin que vous sachiez que le Fils de l'homme a sur la terre le pouvoir de pardonner les péchés, je te l'ordonne — dit-il au paralysé —, lève-toi, prends ton brancard et retourne chez toi. »*

Certains viendront vous dire : « Élisée n'a-t-il pas aussi ressuscité les morts ? » Remarquez que dans les rares cas où des hommes ont ressuscité des morts, ils l'ont fait par la puissance de Dieu. Ils ont invoqué Dieu pour le faire. Mais lorsque le Christ était sur terre, il n'a pas eu besoin d'invoquer le Père pour ressusciter les morts. Lorsqu'il est allé à la maison de Jaïrus, il a dit : *Jeune fille, lève-toi, je te le dis* (Marc 5:41).

Il avait le pouvoir de donner la vie. Alors qu'on emportait le jeune homme hors de Naïn, Jésus a été pris de compassion pour la veuve. Il s'est approché, a touché le cercueil et a dit : *Jeune homme, je te le dis, lève-toi* (Luc 7:14). Il a parlé, et les morts ont ressuscité. Lorsqu'il a ressuscité Lazare, il a crié d'une voix forte : *Lazare, sors !* (Jean 11:43). Lazare l'a entendu et est sorti. Quelqu'un a dit que c'était une bonne chose que Jésus ait mentionné Lazare par son nom, sinon tous les morts qui se trouvaient à portée de la voix du Christ seraient immédiatement ressuscités.

Dans Jean 5:25, Jésus dit : *En vérité, en vérité, je vous le dis, l'heure vient, et elle est déjà là, où les morts entendront la voix du Fils de Dieu, et ceux qui l'auront entendue vivront.* Quel blasphème cela aurait été, s'il n'avait pas été divin ! La preuve est accablante, si l'on examine seulement la Parole de Dieu.

Autre chose : aucun homme de bien, hormis Jésus-Christ, n'a jamais permis à quiconque de l'adorer. Lorsque cela arrivait, Jésus ne réprimandait jamais l'adorateur. Dans Jean 9:38, nous lisons que, lorsque le Christ a rencontré un aveugle, celui-ci a dit : « *Je crois, Seigneur.* » *Et il se prosterna devant lui.* Le Seigneur ne l'a pas réprimandé.

Dans Apocalypse 22:6-9, nous lisons : *Il me dit : « Ces paroles sont dignes de confiance et vraies ; et le Seigneur, le Dieu de l'esprit des prophètes, a envoyé son ange pour montrer à ses serviteurs ce qui doit arriver bientôt. » « Voici, je viens bientôt. Heureux celui qui garde les paroles de la prophétie de ce livre ! » Moi, Jean, j'ai entendu et vu ces choses. Après les avoir entendues et vues, je tombai aux pieds de l'ange qui me les montrait pour l'adorer. Mais il me dit : « Garde-toi bien de le faire ! Je suis ton compagnon de service, celui de tes frères les prophètes et de ceux qui gardent les paroles de ce livre. Adore Dieu. »*

Nous voyons ici que même cet ange n'a pas permis à Jean de l'adorer. Même un ange du ciel ! Et si Gabriel était descendu d'auprès de Dieu, ce serait un péché de l'adorer, lui, ou un séraphin, un chérubin, ou Michel, ou un archange. *Adorez Dieu !* Si Jésus-Christ n'était pas Dieu manifesté en chair, nous serions coupables d'idolâtrie en l'adorant. Dans Matthieu 14 :33, nous lisons : *Ceux qui étaient dans la barque vinrent se prosterner devant Jésus en disant : « Tu es vraiment le Fils de Dieu. »* Il ne les a pas repris. Dans Matthieu 8:2, nous lisons : *Alors un lépreux s'approcha, se prosterna devant lui et dit : « Seigneur, si tu le veux, tu peux me rendre pur. »* Voyez Matthieu 15:25 : *Mais elle vint se prosterner devant lui et dit : « Seigneur, secours-moi ! »*

Il existe de nombreux autres passages, mais je pense

que ceux-ci suffisent pour prouver la divinité de notre Seigneur sans laisser aucun doute.

Actes 14 nous raconte que les païens de Lystre étaient venus avec des guirlandes dans l'intention d'offrir un sacrifice à Paul et Barnabas parce qu'ils avaient guéri un boiteux. Mais les évangélistes ont déchiré leurs vêtements et ont dit à ces habitants de Lystre qu'ils n'étaient que des hommes et qu'il ne fallait pas les adorer, comme si c'était un grand péché. Si Jésus-Christ n'est qu'un homme, nous sommes tous coupables d'un grand péché en l'adorant.

Mais s'il est, comme nous le croyons, le Fils unique et bien-aimé de Dieu, cédons à ses exigences. Reposons-nous sur son œuvre expiatoire et allons le servir tous les jours de notre vie.

# Chapitre 6

# Repentir et expiation

*Dieu annonce maintenant à tous les êtres*
*humains, partout où ils se trouvent, qu'ils*
*doivent changer d'attitude* (Actes 17:30).

La repentance est l'une des doctrines fondamentales de la Bible, mais je crois qu'elle fait partie de ces vérités que beaucoup de gens comprennent mal aujourd'hui. Aujourd'hui, plus de gens sont plongés dans le brouillard et l'obscurité au sujet de la repentance, de la régénération, de l'expiation et d'autres vérités fondamentales similaires que pour toute autre doctrine, même si nous en entendons parler depuis notre plus jeune âge. Si je leur demandais une définition de la repentance, beaucoup de gens en donneraient une explication étrange et erronée.

Une personne n'est prête à croire ou à recevoir l'Évangile que si elle est prête à se repentir de ses péchés et à s'en détourner. Avant sa rencontre avec le Christ, Jean-Baptiste n'avait qu'un seul message : *Changez d'attitude, car le royaume des cieux est proche* (Matthieu 3:2). Mais s'il avait continué ainsi et s'était arrêté là sans montrer au peuple le Christ, l'Agneau de Dieu, il n'aurait pas accompli grand-chose.

À sa venue, le Christ a lancé le même cri que celui de Jean-Baptiste dans le désert : *Changez d'attitude, car le royaume des cieux est proche* (Matthieu 4:17). Lorsque notre Seigneur a envoyé ses disciples, c'était avec le même message : *Ils partirent et prêchèrent en appelant chacun à changer d'attitude* (Marc 6:12). Après la glorification de Jésus et la descente du Saint-Esprit, Pierre a lancé le même cri le jour de la Pentecôte : *Changez d'attitude.* C'est cette prédication — changez d'attitude (autrement dit « repentez-vous ») et croyez à l'Évangile — qui a produit des résultats si merveilleux (Actes 2:38-47). Lorsque Paul est allé à Athènes, il a lancé le même cri : *Sans tenir compte des temps d'ignorance, Dieu annonce maintenant à tous les êtres humains, partout où ils se trouvent, qu'ils doivent changer d'attitude* (Actes 17:30).

Avant de parler en détail de ce qu'est la repentance, permettez-moi de dire brièvement ce qu'elle n'est pas.

**La repentance n'est pas la peur.** Beaucoup confondent les deux. Ils pensent devoir être alarmés et terrifiés, et attendent qu'une forme de peur les envahisse. Des multitudes s'alarment, mais ne se repentent pas vraiment. Parfois, lors d'une terrible tempête, des marins, qui avaient l'habitude de jurer, se taisent soudain et implorent la miséricorde de Dieu lorsque le danger survient. Mais on ne dirait pas qu'ils se sont repentis, car une fois la tempête passée, ils continuent à jurer comme avant. On pourrait penser que le roi d'Égypte s'est repenti lorsque Dieu a envoyé les terribles plaies sur lui et son pays, mais ce n'était pas du tout de la repentance. Dès que la main de Dieu s'est retirée, le cœur du Pharaon s'est endurci plus que jamais. Il ne s'est pas détourné d'un seul péché ; il est resté le même homme. Il n'y avait pas en lui de véritable repentance.

Souvent, lorsqu'un décès survient dans une famille, on a l'impression que l'événement va entraîner la conversion de tous ses membres, mais en six mois, tout peut être oublié. Certains de ceux qui lisent ceci ont peut-être vécu cette expérience. Lorsque la main de Dieu pesait lourdement sur eux, ils semblaient sur le point de se repentir, mais une fois l'épreuve passée, cette impression s'est dissipée.

**La repentance n'est pas un sentiment.** Beaucoup de gens attendent qu'un certain type de sentiment se manifeste en eux. Ils aimeraient se tourner vers Dieu, mais pensent qu'ils ne peuvent pas le faire tant que ce sentiment ne survient pas. Quand j'étais à Baltimore, je prêchais chaque dimanche au pénitencier devant neuf cents détenus. Aucun d'entre eux ou presque ne se sentait assez malheureux ; ils étaient pleins de ce sentiment. Pendant la première semaine ou les dix premiers jours de leur incarcération, beaucoup d'entre eux pleuraient la moitié du temps. Mais à leur libération, la plupart sont retournés à leurs anciennes habitudes. En réalité, ils s'étaient sentis très mal d'avoir été pris ; c'est tout. Quand on voit quelqu'un manifester beaucoup de sentiments dans une période difficile, bien souvent, c'est uniquement parce qu'il a eu des ennuis — et non parce qu'il a commis un péché et que sa conscience lui dit qu'il a fait le mal aux yeux de Dieu. On a l'impression que l'épreuve mène à un véritable repentir, mais trop souvent, il ne s'agit que d'un sentiment passager.

**La repentance ne consiste pas à jeûner et à infliger des souffrances à son corps.** On peut jeûner pendant des semaines, des mois, voire des années, sans jamais se repentir d'un seul péché.

**La repentance n'est pas le remords.** Judas a éprouvé de terribles remords — au point de se pendre — mais ce n'était pas de la repentance. Je crois que s'il était allé vers son Seigneur, s'était prosterné et avait confessé son péché, il aurait peut-être été pardonné. Au lieu de cela, il est allé voir les prêtres et a mis fin à ses jours. On peut faire toutes sortes de pénitences, mais il n'y a pas de véritable repentir là-dedans. Souvenez-vous-en. Vous ne pouvez pas satisfaire aux exigences de Dieu en offrant votre corps en sacrifice pour le péché de votre âme. Rejetez une telle illusion !

**La repentance n'est pas être convaincu de son péché.** Cela peut paraître étrange à certains. J'ai vu des gens si profondément convaincus de leur péché qu'ils ne pouvaient pas dormir la nuit. Ils ne pouvaient même pas savourer un seul repas. Ils ont persisté dans cet état pendant des mois, sans pour autant se convertir. Ils ne se sont pas véritablement repentis. Ne confondez pas le fait d'être convaincu de son péché et la repentance.

**Se repentir n'est pas prier.** Cela aussi peut paraître étrange. Beaucoup de gens, inquiets pour le salut de leur âme, disent : « Je vais prier et lire la Bible. » Ils pensent que cela produira l'effet escompté, mais ce n'est pas le cas. Vous pouvez passer beaucoup de temps à lire la Bible et à implorer Dieu sans jamais vous repentir. Nombreux sont ceux qui implorent Dieu à grands cris mais ne se repentent pas.

**La repentance ne consiste pas à s'abstenir d'un péché particulier.** Nombreux sont ceux qui commettent cette erreur. Un homme qui a bu pourrait promettre d'arrêter de boire. S'abstenir d'un seul péché n'est pas la repentance. Renoncer à un vice, c'est comme couper une branche d'un arbre alors que l'arbre tout entier doit tomber. Un homme dont c'était l'habitude cesse de jurer ; c'est très bien. Mais s'il ne se détourne pas de tout péché, ce n'est pas de la repentance ; ce n'est pas l'œuvre de Dieu dans son âme. Quand Dieu agit, il abat l'arbre tout entier. Il veut que vous vous détourniez de tout péché.

Supposons que je sois sur un navire en pleine mer et que je découvre qu'il a des fuites à trois ou quatre endroits. Je peux colmater un trou, mais le navire coulera quand même. Ou bien, supposons que je sois blessé à trois ou quatre endroits et que je reçoive des soins pour l'une des blessures ; si les deux ou trois autres sont négligées, ma vie sera bientôt terminée. La véritable repentance ne consiste pas simplement à se détourner de tel ou tel péché.

Alors, qu'est-ce que la repentance ? Je vais vous en donner une bonne définition : c'est « faire volte-face ou renverser complètement la situation ! » En irlandais, le mot *repentance* signifie encore plus que « faire volte-face » ! Il implique qu'un homme qui marchait dans une direction a non seulement fait demi-tour, mais marche exactement dans la direction opposée. Il est écrit : *Renoncez, renoncez à votre mauvaise conduite ! Pourquoi devriez-vous mourir, communauté d'Israël ?* (Ézéchiel 33:11). Si un homme, quelle que soit l'intensité de ses sentiments, ne se détourne pas du péché, Dieu ne lui accordera pas sa grâce.

La repentance a également été décrite comme un changement d'avis. Par exemple, le Christ a raconté cette parabole : *Un homme avait deux fils. Il s'adressa au premier et lui dit : « Mon enfant, va travailler aujourd'hui dans ma vigne. » Il répondit : « Je ne veux pas. »* Après avoir répondu « Je ne veux pas », il a réfléchi et a changé d'avis. *Plus tard, il montra du regret et y alla* (Matthieu 21:28-29). Il s'est peut-être dit : « Je n'ai pas parlé très respectueusement à mon père. Il m'a demandé d'aller travailler, et je lui ai dit que je n'irais pas. Je pense que j'avais tort. » Cependant, supposons qu'il ait seulement dit cela et n'y soit toujours pas allé ; ce ne serait pas de la repentance. Mais il y est allé. Non seulement il était convaincu d'avoir tort, mais il est allé à la vigne et a travaillé. Telle est la définition du repentir selon le Christ. Si un homme dit : « Par la grâce de Dieu, je renoncerai à mon péché et je ferai sa volonté », c'est de la repentance — un changement complet de direction.

Quelqu'un a dit que l'homme naît avec le visage tourné dans la direction opposée à Dieu. Lorsqu'il se repent sincèrement, il se tourne vers Dieu ; il abandonne son ancienne vie.

Peut-on se repentir instantanément ? Certainement. Il ne faut pas longtemps pour changer d'avis. Il ne faut pas six mois à un homme pour changer d'avis. Il y a quelque temps, un navire a coulé sur la côte de Terre-Neuve. Alors que le bateau s'approchait du rivage, le capitaine aurait pu donner l'ordre d'inverser les moteurs et de faire demi-tour. Si les moteurs avaient été inversés à ce moment-là, le navire aurait été sauvé. Mais il y a eu un moment où c'était trop tard. Il y a donc un moment, je crois, dans la vie de chacun, où l'on peut s'arrêter et dire : « Par la grâce de Dieu, je n'irai plus vers la mort et la ruine. Je me repens de mes péchés et je m'en détourne. » Même si vous n'éprouvez pas de sentiment particulier, si vous êtes convaincu d'être sur la mauvaise voie, faites demi-tour et dites : « Je ne m'engagerai plus dans la voie de la rébellion et du péché comme je l'ai fait. »

C'est à ce moment précis que, si vous êtes prêt à vous tourner vers Dieu, vous pouvez être sauvé. Je constate que chaque cas de conversion rapporté dans la Bible a été instantané. La repentance et la foi sont venues soudainement. Dès qu'un homme a pris sa décision, Dieu lui donne la force. Dieu ne demande à personne de faire ce qu'il est incapable de faire. Il n'ordonnerait pas à *tous les êtres humains, partout où ils se trouvent, qu'ils doivent changer d'attitude* s'ils n'en étaient pas capables (Actes 17:30). Vous ne pouvez vous en prendre qu'à vous-même si vous ne vous repentez pas et ne croyez pas à l'Évangile.

Il y a quelque temps, l'un des principaux ministres de l'Évangile en Ohio m'a écrit une lettre décrivant sa conversion. Elle illustre parfaitement l'aspect instantané de cette décision. Voici ce qu'il disait :

« J'avais dix-neuf ans et j'étudiais le droit avec un avocat chrétien du Vermont. Un après-midi, alors qu'il était absent, sa chère épouse m'a dit, alors que j'entrais dans la maison :

"Je veux que vous veniez à la réunion avec moi ce soir et que vous deveniez chrétien pour pouvoir célébrer le culte familial ici pendant l'absence de mon mari.

— Eh bien, d'accord, ai-je dit sans réfléchir."

« De retour à la maison, elle m'a demandé si j'avais été honnête. J'ai répondu : "Oui, pour ce qui est d'aller à la réunion avec vous ; c'était simplement par courtoisie."

« Je l'ai accompagnée à la réunion, comme je l'avais souvent fait auparavant. Une douzaine de personnes étaient présentes dans une petite école. Le responsable avait parlé à tout le monde, sauf à moi et à deux autres. Il parlait à la personne qui se trouvait à côté de moi quand une pensée m'est venue : *Il va me demander si j'ai quelque chose à dire.* Je me suis dit : *J'ai décidé de devenir chrétien un jour ; pourquoi ne pas commencer maintenant ?*

« Moins d'une minute après que ces pensées m'ont traversé l'esprit, il m'a dit, en me parlant familièrement — car il me connaissait très bien :

"Frère Charles, as-tu quelque chose à dire ?

— Oui, monsieur, ai-je répondu avec un sang-froid parfait. J'ai décidé, il y a trente secondes, de commencer une vie chrétienne, et j'aimerais que vous priiez pour moi."

« Mon sang-froid l'a stupéfié. Je crois qu'il doutait presque de ma sincérité. Il a dit quelques mots, puis est passé à autre chose et s'est adressé aux deux autres. Après quelques remarques générales, il s'est tourné vers moi et m'a dit : "Frère Charles, veux-tu conclure la réunion par une prière ?"

« Il savait que je n'avais jamais prié en public. Jusque-là, je n'avais ressenti aucune émotion. Il s'agissait d'une simple formalité. Ma première pensée a été que je ne pouvais pas prier et que j'allais lui demander de m'excuser. Ma seconde pensée a été que j'avais dit que je commencerais une vie chrétienne, et que cela en faisait partie. Alors j'ai dit : "Prions." Et quelque part entre le moment où j'ai commencé à m'agenouiller et celui où mes genoux ont touché le sol, le Seigneur a converti mon âme.

« Les premiers mots que j'ai prononcés ont été : "Gloire à Dieu !" Ce que j'ai dit ensuite, je l'ignore, et cela n'a aucune importance, car mon âme était trop pleine pour dire autre chose que "Gloire !" À partir de ce moment-là, le diable n'a plus jamais osé remettre en question ma conversion. À Christ soit toute la louange. »

Beaucoup de gens attendent qu'un sentiment miraculeux les envahisse — une sorte de foi mystérieuse. Il y a quelques années, je discutais avec un homme, et il avait toujours la même réponse à me donner. Pendant cinq ans, j'ai essayé de le gagner à Christ, et chaque année, il me disait :

« Je n'ai pas encore été touché.

— Qu'est-ce que vous voulez dire ? Qu'est-ce qui ne vous a pas touché ?

— Eh bien, a-t-il dit, je ne deviendrai pas chrétien tant que ça ne me touchera pas, et ça ne m'a pas encore touché. Je ne vois pas les choses comme vous.

— Mais est-ce que vous ne savez pas que vous vivez en état de péché ?

— Oui, je sais que je suis un pécheur.

— Eh bien, est-ce que vous ne savez pas que Dieu veut avoir pitié de vous — qu'il y a un pardon en Dieu ? Il veut que vous vous repentiez et que vous veniez à lui.

— Oui, je le sais, mais ça ne m'a pas encore touché. »

Il retombait toujours là-dessus. Pauvre homme ! Il était toujours indécis quand il est descendu dans la tombe. Dieu lui avait donné soixante longues années pour se repentir, et tout ce qu'il avait à dire à la fin de ces années, c'est que cela ne l'avait pas encore touché.

Un lecteur s'attend-il à ressentir un sentiment

étrange ? Nulle part dans la Bible il n'est demandé à quelqu'un d'attendre. C'est maintenant que Dieu vous demande de vous repentir.

Pensez-vous que Dieu puisse pardonner à quelqu'un qui ne veut pas être pardonné ? Serait-il heureux si Dieu lui pardonnait dans cet état d'esprit ? Si votre fils a commis une faute et ne veut pas se repentir, vous ne pouvez pas lui pardonner. Vous lui feriez une injustice. Imaginez qu'il aille à votre bureau, vole dix dollars et les dilapide. À votre retour, votre épouse vous raconte ce qu'il a fait. Vous lui demandez si c'est vrai, et il nie, mais en fin de compte, vous en avez des preuves certaines. Même lorsqu'il découvre qu'il ne peut plus nier, il refuse de confesser son péché, mais promet de recommencer à la première occasion.

Lui diriez-vous : « Eh bien, je te pardonne », et en resteriez-vous là ? Non, tout ce que nous faisons a de réelles conséquences, ici-bas comme au jugement dernier ! Pourtant, certains disent que Dieu sauvera tout le monde, que les gens se repentent ou non — ivrognes, voleurs, prostituées, gens de mauvaise vie, peu importe.

« Dieu est si miséricordieux ! », disent-ils. Cher ami, ne vous laissez pas tromper par le dieu de ce monde. Si vous vous repentez vraiment et que vous vous éloignez du péché pour aller vers Dieu, il vous rencontrera et vous bénira, mais il ne vous bénira jamais en l'absence d'une repentance sincère.

David a commis une grave erreur à cet égard avec son fils rebelle Absalom. Il n'aurait pas pu lui faire plus grande injustice que de lui pardonner alors que son cœur était resté inchangé. Il ne pouvait y avoir de véritable réconciliation entre eux sans repentance. Mais Dieu ne commet pas de telles erreurs. David s'est mis dans une situation difficile à cause de son erreur de jugement. Le fils a bientôt chassé son père du trône.

S'exprimant sur la repentance, le Dr Brooks, de Saint-Louis, remarque :

> « La repentance, à proprement parler, signifie un changement d'avis ou de but ; par conséquent, il s'agit du jugement que le pécheur porte sur lui-même en considérant l'amour de Dieu manifesté par la mort du Christ, en abandonnant toute confiance en lui-même et en mettant sa confiance dans le seul Sauveur des pécheurs. La repentance salvatrice et la foi salvatrice vont toujours de pair, et vous n'avez pas à vous soucier de la repentance si vous croyez. »

Certaines personnes ne sont pas sûres de s'être suffisamment repenties. Si vous entendez par là que vous devez vous repentir pour inciter Dieu à vous accorder sa bienveillance, plus tôt vous renoncerez à cette idée de la repentance, mieux ce sera. Dieu est déjà compatissant, comme il l'a pleinement démontré à la croix du Calvaire. C'est faire injure à son cœur d'amour que de croire que ce sont vos larmes et votre angoisse qui le toucheront, et d'ignorer que c'est *la bonté de Dieu [qui vous] pousse à changer d'attitude* (Romains 2:4). Ce n'est donc pas votre méchanceté, mais sa bonté qui conduit à la repentance ; par conséquent, la véritable voie de la repentance est de croire au Seigneur Jésus-Christ, *qui a été donné à cause de nos fautes et qui est ressuscité à cause de notre justification* (Romains 4:25).

Un véritable repentir portera ses fruits. Si nous avons fait du tort à quelqu'un, ne demandons jamais pardon à Dieu tant que nous ne sommes pas prêts à réparer le tort causé. Si j'ai commis une grave injustice et que je peux la réparer, je ne dois pas demander pardon à Dieu tant que je ne suis pas prêt à la réparer. Supposons que j'aie pris quelque chose qui ne m'appartient pas. Je n'ai aucun droit d'espérer le pardon tant que je n'aurai pas réparé.

Je me souviens d'un prêche dans une de nos grandes villes. Un homme d'apparence agréable s'est approché de moi après le sermon. Il était profondément angoissé.

« En fait, m'a-t-il dit, je suis un escroc. J'ai pris l'argent de mes employeurs. Comment puis-je devenir chrétien sans le restituer ?

— Avez-vous l'argent ? » ai-je demandé.

Il m'a dit qu'il n'avait pas tout. Il avait pris environ 1 500 dollars et il lui en restait environ 900. Il m'a demandé : « Est-ce que je ne pourrais pas utiliser cet argent pour créer une entreprise, gagner suffisamment d'argent et le rembourser ? »

Je lui ai dit que c'était une illusion de Satan et qu'il ne pouvait pas espérer prospérer avec de l'argent volé. Je lui ai conseillé de restituer tout l'argent qui lui restait et de demander à ses employeurs d'avoir pitié de lui et de lui pardonner.

« Mais ils vont me mettre en prison, a-t-il dit. Vous ne pouvez pas m'aider ?

— Non, vous devez restituer l'argent avant de pouvoir espérer recevoir l'aide de Dieu.

— C'est assez difficile, a-t-il déclaré.

— Oui, c'est difficile, mais la grande erreur a été de commencer par faire le mal. »

Son fardeau était devenu si lourd qu'il en était devenu insupportable. Il m'a remis l'argent — environ 950 dollars — et m'a demandé de le rapporter à ses employeurs. Le lendemain soir, les deux employeurs m'ont rencontré dans une pièce annexe de l'église. J'ai déposé l'argent et leur ai dit qu'il provenait d'un de leurs employés. Je leur ai raconté l'histoire et leur ai dit qu'il attendait d'eux la miséricorde, pas la justice. Les larmes ont coulé sur les joues de ces deux hommes, et ils ont dit : « Lui pardonner ! Oui, nous serons heureux de lui pardonner. » Je suis descendu et je l'ai fait monter. Il a avoué sa culpabilité et a été pardonné, puis nous nous sommes tous mis à genoux et avons eu une réunion de prière bénie. Dieu nous a rencontrés et nous a bénis là-bas.

Il y a quelque temps, un de mes amis s'était converti au Christ et souhaitait se consacrer lui-même et consacrer ses biens à Dieu. Il avait auparavant fraudé le gouvernement lors de certaines transactions avec celui-ci. Ce problème s'est présenté lors de sa conversion, et sa conscience l'a troublé. Il a dit : « Je veux consacrer mes biens, mais je crois que Dieu n'en voudra pas. » Il a dû lutter terriblement ; sa conscience ne cessait de le tourmenter. Finalement, il a signé un chèque de 1 500 dollars et l'a envoyé au Trésor américain. Il m'a dit qu'il avait reçu une grande bénédiction après l'avoir fait. Sa conversion portait *du fruit qui [confirmait son] changement d'attitude* (Matthieu 3:8). Je crois que beaucoup d'hommes implorent Dieu pour obtenir la lumière, mais par manque d'honnêteté, ils ne la reçoivent pas.

Un jour, alors que je prêchais, un homme s'est approché de moi après le culte. Il m'a dit :

« Je veux que vous remarquiez que j'ai les cheveux gris et que je n'ai que trente-deux ans. Pendant douze ans, j'ai porté un lourd fardeau.

— Eh bien, ai-je dit, qu'est-ce que c'est ?

— Eh bien, a-t-il répondu après avoir regardé autour de lui comme s'il craignait d'être entendu, mon père est mort et a laissé à ma mère le journal du comté ; c'était tout ce qu'elle avait. Après la mort de mon père, le journal a commencé à péricliter, et j'ai vu que ma mère sombrait rapidement dans le besoin. Le bâtiment et le journal étaient assurés pour mille dollars, et à vingt ans, j'ai mis le feu au bâtiment, récupéré les mille dollars et les ai donnés à ma mère. Depuis douze ans, ce péché me hante. J'ai essayé de le noyer en m'abandonnant aux plaisirs et au péché. J'ai maudit Dieu. J'ai été infidèle. J'ai essayé de me convaincre que la Bible n'était pas vraie. J'ai fait tout ce que j'ai pu, mais toutes ces années, j'ai été tourmenté.

— Il y a un moyen de s'en sortir, ai-je dit.

— Comment ? a-t-il demandé.

— Remboursez, ai-je dit. Asseyons-nous et calculons les intérêts, puis vous paierez l'argent à la compagnie. »

Vous auriez dû voir le visage de cet homme s'illuminer lorsqu'il a découvert que la miséricorde était à sa portée. Il a dit qu'il serait heureux de rembourser l'argent et les intérêts, si seulement il pouvait être pardonné.

Aujourd'hui, certains hommes sont dans les ténèbres et l'esclavage parce qu'ils refusent de se détourner de leurs péchés et de les confesser. Je ne sais pas comment un homme peut espérer être pardonné s'il n'est pas disposé à confesser ses péchés.

Gardez à l'esprit qu'*aujourd'hui* est le seul jour de miséricorde que vous aurez jamais. Vous pouvez vous repentir maintenant et voir vos terribles péchés effacés. Dieu attend de vous pardonner. Il cherche à vous ramener à lui, mais je pense que la Bible enseigne clairement qu'il n'y a *pas de repentance après cette vie*. Certains vous parleront de la possibilité de se repentir dans la tombe, mais je ne trouve pas cela dans les Écritures. J'ai parcouru ma Bible très attentivement et je ne vois pas qu'une personne ait une autre chance d'être sauvée après la mort.

Pourquoi demander plus de temps ? Vous avez amplement le temps de vous repentir maintenant. Vous pouvez vous détourner de vos péchés dès maintenant, si vous le voulez. *Car je ne désire pas la mort de celui qui meurt, dit le Seigneur, l'Éternel. Convertissez-vous donc, et vivez* (Ézéchiel 18:32).

Le Christ a dit : *Je ne suis pas venu appeler des justes, mais des pécheurs, à changer d'attitude* (Luc 5:32). Êtes-vous pécheur ? Alors l'appel à la repentance vous est adressé. Venez vous asseoir dans la poussière aux pieds du Sauveur et reconnaissez votre culpabilité. Dites, comme le collecteur d'impôts d'autrefois : *Ô Dieu, aie pitié de moi, qui suis un pécheur*, et voyez avec quelle rapidité il vous pardonnera et vous bénira (Luc 18:13). Il vous déclarera même juste et vous considérera comme tel en vertu de la justice de celui qui a porté vos péchés dans son corps sur la croix.

Certains pensent peut-être qu'ils sont justes et qu'ils n'ont pas besoin de se repentir et de croire à l'Évangile. Ils ressemblent au pharisien de la parabole, qui remerciait Dieu de ne pas être comme les autres hommes — *voleurs, injustes, adultères, ou même comme ce collecteur d'impôts* — et qui ajoutait : *Je jeûne deux fois par semaine et je donne la dîme de tous mes revenus.* Quel jugement porter sur de tels pharisiens ? *Je vous le dis, lorsque ce dernier* [le pauvre collecteur d'impôts, contrit et repentant] *descendit chez lui, il était considéré comme juste, mais pas le pharisien* (Luc 18:11-14). *Il n'y a pas de juste, pas même un seul* (Romains 3:10). *Tous ont péché et sont privés de la gloire de Dieu* (Romains 3:23). Que personne ne dise qu'il n'a pas besoin de se repentir. Que chacun assume sa vraie place — celle de pécheur ; alors Dieu le relèvera et lui donnera son pardon et sa justice. *En effet, toute personne qui s'élève sera abaissée, et celle qui s'abaisse sera élevée* (Luc 14:11).

Partout où Dieu voit une véritable repentance dans le cœur de quelqu'un, il rencontre cette âme.

Il y a quelque temps, j'étais au Colorado pour prêcher l'Évangile et j'ai entendu quelque chose qui m'a profondément touché. Le gouverneur de l'État, de passage dans la prison, a trouvé dans une cellule un garçon dont la fenêtre était pleine de fleurs visiblement disposées avec soin. Le gouverneur a regardé le prisonnier, puis les fleurs, et a demandé à qui elles appartenaient.

« Ce sont mes fleurs, a dit le détenu.

— Vous aimez les fleurs ?

— Oui, Monsieur.

— Depuis combien de temps êtes-vous ici ? »

Il lui a dit que c'était depuis bien des années, et qu'il avait été condamné à une longue peine. Le gouverneur a été surpris de le voir aimer autant les fleurs et lui a demandé :

« Pouvez-vous me dire pourquoi vous aimez tellement ces fleurs ?

— Quand ma mère était en vie, a-t-il répondu avec beaucoup d'émotion, elle aimait les fleurs ; quand je suis venu ici, j'ai pensé que celles-ci me rappelleraient ma mère. »

Cette réponse a tellement plu au gouverneur qu'il a dit : « Eh bien, jeune homme, si vous tenez tant à votre mère, je pense que vous apprécierez votre liberté », et il l'a gracié sur-le-champ.

Lorsque Dieu voit cette belle fleur d'une véritable repentance pousser dans le cœur d'un homme, cet homme-là est sauvé.

# Chapitre 7

# L'assurance du salut

*Je vous ai écrit cela, à vous qui croyez au nom du Fils de Dieu, afin que vous sachiez que vous avez la vie éternelle, et que vous continuiez à croire au nom du Fils de Dieu (1 Jean 5:13).*

Deux groupes de personnes ne devraient pas avoir l'assurance du salut : premièrement, celles qui sont dans l'Église mais qui ne sont pas converties, parce qu'elles ne sont jamais nées de l'Esprit. Deuxièmement, celles qui ne sont pas disposées à faire la volonté de Dieu et à suivre le chemin qu'il a tracé pour elles, mais qui veulent faire leur propre volonté.

Quelqu'un demandera : « Est-ce que tout le peuple de Dieu a cette assurance ? »

Non ; je pense que beaucoup de ceux qui sont chers à Dieu n'ont aucune assurance, mais chaque enfant de Dieu a le privilège d'avoir une connaissance indiscutable de son propre salut. Personne n'est en mesure de servir Dieu s'il est rempli de doutes. Si quelqu'un n'est pas sûr de son propre salut, comment peut-il aider quelqu'un d'autre à entrer dans le royaume de Dieu ? Si je pense être en danger de me noyer et que je ne sais pas si j'atteindrai un jour le rivage, je ne peux aider personne. Je dois d'abord m'accrocher moi-même au rocher, puis je pourrai tendre la main à mon frère. Si j'étais aveugle et que je devais expliquer à un autre aveugle comment recouvrer la vue, il pourrait me répondre : « Guéris-toi d'abord toi-même, et ensuite tu pourras me l'expliquer. »

J'ai récemment rencontré un jeune homme qui était chrétien, mais qui n'avait pas encore vaincu le péché. Il était plongé dans de terribles ténèbres. Une telle personne n'est pas en mesure de travailler pour Dieu, car elle est accablée par ses péchés. Elle n'a pas vaincu ses doutes, car elle n'a pas vaincu ses péchés.

Une personne qui n'est pas assurée de son salut n'aura ni le temps ni le cœur de travailler pour Dieu. De telles personnes sont accablées par leurs propres problèmes de péché et de doute ; elles sont incapables d'aider les autres à porter leurs fardeaux. Il n'y a ni repos, ni joie, ni paix — ni liberté, ni force — là où règnent le doute et l'incertitude.

Satan a trois stratagèmes dont nous devons nous méfier. En premier lieu, il utilise toutes les forces de son royaume pour nous éloigner du Christ ; ensuite, il s'efforce de nous attirer dans le « Château du Doute »[3] ; mais si nous rendons un témoignage éclatant en faveur du Fils

---

3    Il s'agit d'une référence au livre de John Bunyan, *Pilgrim's Progress*, qui peut être acheté auprès d'Aneko Press.

de Dieu, il fera tout ce qu'il peut pour ternir notre réputation et discréditer notre témoignage. Certains semblent penser que c'est présomptueux de ne pas douter, mais le doute déshonore profondément Dieu. Si quelqu'un disait connaître une personne depuis trente ans et pourtant doutait d'elle, ce serait peu crédible ; pourtant, lorsque nous connaissons Dieu depuis dix, vingt ou trente ans, est-ce que douter de lui ne porte pas atteinte à sa crédibilité ?

Paul, les premiers chrétiens et les martyrs auraient-ils pu traverser cette épreuve s'ils avaient été remplis de doutes et n'avaient pas su s'ils iraient au ciel ou en enfer après avoir été brûlés sur le bûcher ? Ils devaient en avoir l'assurance.

Charles Spurgeon a déclaré :

> « Je n'ai jamais entendu parler d'une cigogne qui, rencontrant un sapin, se soit demandé si elle avait le droit d'y construire son nid ; et je n'ai jamais entendu parler d'un daman des rochers qui se soit demandé s'il lui était permis de se réfugier dans son terrier rocheux. Ces créatures périraient rapidement si elles étaient constamment en train de douter et de craindre de ne pas avoir le droit d'utiliser ce que Dieu leur a réservé. »

> La cigogne mâle se dit : « Ah, voici un sapin. »

> Elle consulte sa compagne : « Est-ce que cela conviendra pour faire un nid dans lequel nous pourrons élever nos petits ? »

« Oui », dit-elle, et ils rassemblent et disposent les matériaux. Elles ne demandent jamais : « Est-ce qu'on peut construire ici ? » Elles apportent leurs branches et construisent leur nid.

La chèvre sauvage qui se tient sur la falaise ne demande pas : « Ai-je le droit d'être ici ? » Non, il lui faut un endroit, et une falaise lui convient, alors elle y court.

Bien que ces humbles créatures connaissent la providence de leur Dieu, le pécheur ne reconnaît pas celle du Sauveur. Il ergote et demande : « Est-ce que je peux ? » et dit : « Je crains que ce ne soit pas pour moi », « Ça ne peut pas vraiment être pour moi », et « Je crains que ce soit trop beau pour être vrai. »

Pourtant, personne n'a jamais dit à la cigogne : « Si quelqu'un construit sur ce sapin, il ne verra jamais son nid démoli. » Aucune parole inspirée n'a jamais été adressée au daman des rochers : « Si quelqu'un s'engouffre dans cette crevasse rocheuse, il n'en sera jamais chassé. » Si cela avait été le cas, ils auraient eu une double assurance.

Pourtant, ici, le Christ est proposé aux pécheurs, c'est exactement le genre de Sauveur dont les pécheurs ont besoin, et voici l'encouragement qui y est ajouté : *Je ne mettrai pas dehors celui qui vient à moi* (Jean 6:37), et *Que celui qui veut de l'eau de la vie la prenne gratuitement !* (Apocalypse 22:17).

Venons-en maintenant à la Parole. Jean nous raconte dans son Évangile ce que le Christ a fait pour nous sur terre. Dans sa lettre, il nous dit ce que Jésus fait pour nous au ciel en tant qu'avocat. Dans l'Évangile de Jean, il n'y a que deux chapitres où le mot *croire* n'apparaît pas. À ces deux exceptions près, chaque chapitre de l'Évangile de Jean se résume à « Croyez ! Croyez ! Croyez ! » Il nous dit dans Jean 20:31 : *Mais [ces signes] ont été décrits afin que vous croyiez que Jésus est le Messie, le Fils de Dieu, et qu'en croyant vous ayez la vie en son nom.* C'est dans ce but qu'il a écrit l'Évangile : *afin que vous croyiez que Jésus est le Messie, le Fils de Dieu, et qu'en croyant vous ayez la vie en son nom.*

Dans 1 Jean 5:13, Jean nous explique pourquoi il a écrit cette lettre : *Je vous ai écrit cela, à vous qui croyez au nom du Fils de Dieu, afin que vous sachiez que vous avez la vie éternelle, et que vous continuiez à croire au nom du Fils de Dieu.* Remarquez à qui il l'écrit : « *à vous qui croyez au nom du Fils de Dieu, afin que vous sachiez que vous avez la vie éternelle, et que vous continuiez à croire au nom du Fils de Dieu.* La première lettre de Jean ne compte que cinq courts chapitres, et le mot *savoir* apparaît plus de quarante fois. Elle se résume à « Savoir ! Savoir ! Savoir ! » Le mot clé de cette lettre est « savoir » ! Tout au long de cette lettre résonne ce refrain « afin que nous sachions que nous avons la vie éternelle ».

Il y a quelques années, j'ai parcouru 1 200 kilomètres sur le Mississippi au printemps. Chaque soir, au coucher du soleil, je voyais des hommes, et parfois des femmes, se rendre sur les deux rives du fleuve à dos de mulet ou de cheval, et parfois à pied, pour allumer les phares du gouvernement. Tout au long de ce puissant fleuve, des points de repère guidaient les pilotes des navires dans leur dangereuse navigation. Dieu nous a donné des lumières, des points de repère, pour nous dire si nous sommes ses enfants ou non ; il nous faut donc examiner les signes qu'il nous a donnés.

Dans 1 Jean 3, il y a cinq choses que nous devrions « savoir ». Au cinquième verset, nous lisons la première : *Or, vous le savez, Jésus est apparu pour enlever nos péchés et il n'y a pas de péché en lui.* Il ne s'agit pas de ce que j'ai fait, mais de ce qu'il a fait. A-t-il failli à sa mission ? N'est-il pas capable d'accomplir ce pour quoi il est venu ? Un homme envoyé du ciel a-t-il jamais failli ? Le Fils de Dieu lui-même pourrait-il faillir ? Il est venu pour ôter nos péchés.

Dans 1 Jean 3:19, voici la deuxième chose à savoir : *Par là nous saurons que nous sommes de la vérité et nous rassurerons notre cœur devant lui.* Nous savons que nous sommes de la vérité. Et si la vérité nous affranchit, nous serons réellement libres. Il est écrit : *Si donc le Fils vous libère, vous serez réellement libres* (Jean 8:36).

La troisième chose à savoir se trouve au verset 14 : *Nous savons que nous sommes passés de la mort à la vie parce que nous aimons les frères et sœurs.* L'homme naturel n'aime pas les hommes pieux et ne se soucie pas de leur compagnie. *Celui qui n'aime pas son frère reste dans la mort.* Il n'est pas vivant du point de vue spirituel.

La quatrième chose à savoir se trouve au verset vingt-quatre : *Celui qui garde ses commandements demeure en Dieu et Dieu demeure en lui ; et nous reconnaissons qu'il demeure en nous à l'Esprit qu'il nous a donné.* Nous pouvons déterminer quel genre d'Esprit nous possédons si nous possédons l'Esprit du Christ. Nous aurons un esprit semblable à celui du Christ — non pas de même degré, mais de même nature. Est-ce que je suis doux, bienveillant et miséricordieux ? Est-ce que j'ai un esprit rempli de paix et de joie ? Est-ce que je suis patient et bienveillant, comme le Fils de Dieu ? Voilà un test, voilà comment nous pouvons savoir si nous avons la vie éternelle ou non.

La cinquième chose à savoir, et la meilleure de toutes, se trouve dans 1 Jean 3:2 : *Bien-aimés, nous sommes maintenant…* Remarquez le mot *maintenant.* Jean ne dit pas « quand vous mourrez ». *Bien-aimés, nous sommes maintenant enfants de Dieu, et ce que nous serons un jour n'a pas encore été révélé ; mais nous savons que, lorsque Christ apparaîtra, nous serons semblables à lui, parce que nous le verrons tel qu'il est.*

Mais certains diront : « Bon, je crois tout ça, mais j'ai péché depuis que je suis devenu chrétien. » Existe-t-il un homme ou une femme sur terre qui n'ait pas péché depuis qu'il est devenu chrétien ? Aucun ! Il n'y a jamais eu, et il n'y aura jamais, une seule âme sur cette terre qui n'ait pas péché, ou qui ne péchera pas, à un moment ou un autre de son existence chrétienne. Mais Dieu a pris des dispositions pour les péchés des croyants. Ce n'est pas à *nous* de prendre de telles dispositions ; c'est Dieu qui l'a fait. Gardez cela à l'esprit.

Tournez-vous vers 1 Jean 2:1 : *Mes petits enfants, je vous écris cela afin que vous ne péchiez pas. Mais si nous avons péché, nous avons un défenseur auprès du Père, Jésus-Christ le juste.* Jean écrit aux justes. *Si quelqu'un a péché, nous* — Jean s'y est inclus —, *nous avons un défenseur auprès du Père, Jésus-Christ le juste.* Quel défenseur ! Il défend nos intérêts au meilleur endroit : le trône de Dieu. Il a dit : *Cependant, je vous dis la vérité : il vaut mieux pour vous que je m'en aille* (Jean 16:7). Il est parti pour devenir notre grand-prêtre et aussi notre défenseur. Il a eu des causes difficiles à plaider, mais il n'en a jamais perdu une. Si vous lui confiez vos intérêts immortels, il *vous [fera] paraître devant sa gloire irréprochables et dans l'allégresse* (Jude 24).

Les péchés passés des chrétiens sont tous pardonnés dès qu'ils sont confessés, et il ne faut plus jamais les mentionner. C'est une question qu'il ne faut plus aborder. Si nos péchés sont effacés, c'est fini. On ne doit plus s'en souvenir ; Dieu n'en parlera plus. C'est très clair. Imaginez que j'aie un fils qui commet des péchés pendant mon absence. À mon retour, il me prend dans ses bras et me dit :

« Papa, j'ai fait ce que tu m'as interdit. Je suis vraiment désolé. Pardonne-moi.

— Oui, mon fils », lui dis-je, et je l'embrasse.

Il essuie ses larmes et s'en va, joyeux. Le lendemain, il me dit :

« Papa, j'aimerais que tu me pardonnes ce que j'ai fait de mal hier.

— Eh bien, mon fils, dirais-je, cette affaire est réglée, et je ne veux plus qu'on en parle.

— Mais j'aimerais que tu me pardonnes ; ça m'aiderait de t'entendre dire : "Je te pardonne." »

Serait-ce un honneur pour moi ? Ne serais-je pas peiné que mon fils doute de moi ? Mais pour lui faire plaisir, je lui répète : « Je te pardonne, mon fils. »

Et si, le lendemain, il revenait sur ce vieux péché et demandait pardon, est-ce que cela ne me chagrinerait pas profondément ? Ainsi, cher lecteur, si Dieu nous a pardonnés, ne mentionnons jamais le passé. Oublions ce qui est derrière, portons-nous vers ce qui est devant et courons *vers le but pour remporter le prix de l'appel céleste de Dieu en Jésus-Christ* (Philippiens 3:13-14). Oubliez les péchés du passé. Il est écrit : *Si nous reconnaissons nos péchés, il est fidèle et juste pour nous les pardonner et pour nous purifier de tout mal* (1 Jean 1:9).

Permettez-moi de dire que ce principe est reconnu par les tribunaux. Une affaire a été portée devant les tribunaux d'un pays — je ne dirai pas où — dans lequel un homme avait eu des problèmes avec sa femme. Il lui a pardonné et l'a ensuite traduite en justice. Lorsqu'on a appris qu'il lui avait pardonné, le juge a déclaré l'affaire réglée. Il a reconnu la validité du principe selon lequel un péché pardonné une fois est une affaire terminée. Et pensez-vous que le Juge de toute la terre nous pardonnera, vous et moi, puis nous rappellera notre péché ? Nos péchés sont effacés pour l'heure et pour l'éternité si Dieu pardonne. Nous devons confesser et abandonner nos péchés.

Lisez maintenant 2 Corinthiens 13:5 : *Examinez-vous vous-mêmes pour savoir si vous êtes dans la foi ; mettez-vous vous-mêmes à l'épreuve. Ne reconnaissez-vous pas que Jésus-Christ est en vous ? À moins peut-être que vous ne soyez disqualifiés.* Examinez-vous maintenant vous-mêmes. Mettez votre religion à l'épreuve. Pouvez-vous pardonner à un ennemi ? C'est un bon moyen de savoir si vous êtes un enfant de Dieu. Pouvez-vous pardonner une blessure ou accepter une insulte, comme le Christ ? Pouvez-vous sans vous plaindre être blâmé pour avoir bien agi ? Pouvez-vous, tout en gardant un esprit chrétien, être mal jugé et être calomnié ?

Galates 5 nous offre un autre bon test. Observez le fruit de l'Esprit et voyez si vous possédez les qualités énumérées. Il est écrit : *Mais le fruit de l'Esprit, c'est l'amour, la joie, la paix, la patience, la bonté, la bien-veillance, la foi, la douceur, la maîtrise de soi. Contre de telles attitudes, il n'y a pas de loi* (Galates 5:22-23). Si j'ai le fruit de l'Esprit, j'ai nécessairement l'Esprit de Dieu. Je ne pourrais pas avoir de fruit sans l'Esprit, pas plus qu'une orange ne pourrait exister sans l'arbre. Jésus a dit : *Vous les reconnaîtrez à leurs fruits* (Matthieu 7:16). *On reconnaît l'arbre à son fruit* (Matthieu 12:33). Si l'arbre est bon, le fruit sera bon aussi. La seule façon d'obtenir le fruit est d'avoir l'Esprit. C'est ainsi que nous pouvons vérifier si nous sommes enfants de Dieu.

Il y a un autre passage très frappant dans Romains 8:9, où Paul dit : *Si quelqu'un n'a pas l'Esprit de Christ, il ne lui appartient pas.* Cela devrait régler la question, même si l'on a déjà accompli toutes les formalités que certains considèrent comme nécessaires pour devenir membre d'une Église. Lisez la vie de Paul et comparez-la avec la vôtre[4]. Si votre vie ressemble à la sienne, c'est la

---

4    On peut lire la vie de Paul dans Actes 9-28 ; Galates 1:11-23 ; Éphésiens 3 ; Philippiens 3:3-15 ; 2 Timothée 4:6-8.

preuve que vous êtes né de nouveau — que vous êtes une nouvelle créature en Jésus-Christ.

Même si vous êtes né de nouveau, il vous faudra du temps pour devenir un chrétien accompli. Être déclaré juste est instantané, mais devenir saint est l'œuvre de toute une vie. Nous devons grandir en sagesse. Pierre dit : *Grandissez dans la grâce et dans la connaissance de notre Seigneur et Sauveur Jésus-Christ* (2 Pierre 3:18). Il écrit aussi : *Faites tous vos efforts afin d'ajouter à votre foi la qualité morale, à la qualité morale la connaissance, à la connaissance la maîtrise de soi, à la maîtrise de soi la persévérance, à la persévérance la piété, à la piété l'amitié fraternelle, à l'amitié fraternelle l'amour. En effet, si ces qualités sont en vous et se développent, elles ne vous laissent pas inactifs ni stériles pour la connaissance de notre Seigneur Jésus-Christ* (2 Pierre 1:5-8).

Nous devons ajouter qualité sur qualité. Un arbre peut être parfait dès sa première année de croissance, mais il n'atteint pas sa pleine maturité cette même année. Il en va de même pour le chrétien. Il peut être un véritable enfant de Dieu sans être encore un chrétien mature.

Le huitième chapitre de l'épître aux Romains est très important et nous devrions le connaître parfaitement. Au verset quatorze, l'apôtre dit : *Tous ceux qui sont conduits par l'Esprit de Dieu sont fils de Dieu.* De même que le soldat est conduit par son capitaine, le disciple par son maître, ou le voyageur par son guide, ainsi tout véritable enfant de Dieu sera conduit par le Saint-Esprit.

Permettez-moi d'attirer votre attention sur un autre fait. Dans presque toutes les lettres de Paul, son enseignement résonne de la doctrine de la certitude. Il dit dans 2 Corinthiens 5:1 : *Nous savons, en effet, que si notre habitation terrestre, qui n'est qu'une tente, est détruite, nous avons dans le ciel un édifice qui est l'œuvre de Dieu, une habitation éternelle qui n'est pas faite par la main de l'homme.* Il avait un titre de propriété sur les demeures d'en haut, et il a dit : « Je le sais. » Il ne vivait pas dans l'incertitude. Il disait avoir *le désir de [s]'en aller et d'être avec Christ,* et s'il avait été dans l'incertitude, il n'aurait pas dit cela (Philippiens 1:23). Puis, dans Colossiens 3:4, il dit : *Quand Christ, notre vie, apparaîtra, alors vous apparaîtrez aussi avec lui dans la gloire.* On me dit que la pierre tombale du Dr Isaac Watts porte ce même passage de l'Écriture. Ce verset ne laisse aucun doute.

Tournons-nous maintenant vers Colossiens 1:12-13 : *Vous exprimerez votre reconnaissance au Père qui nous a rendus capables de prendre part à l'héritage des saints dans la lumière. Il nous a délivrés de la puissance des ténèbres et nous a transportés dans le royaume de son Fils bien-aimé.* Ces versets contiennent trois expressions au passé : *a rendus capables, a délivrés* et *a transportés.* Il n'est pas dit qu'il va nous rendre capables, qu'il va nous délivrer, ou qu'il va nous transporter ou nous changer, mais qu'il l'a fait.

Puis nous lisons dans Colossiens 1:14 : *En [lui] nous sommes rachetés, pardonnés de nos péchés.* Soit nous sommes pardonnés, soit nous ne le sommes pas. Nous ne devrions pas nous accorder de repos jusqu'à ce que nous soyons entrés dans le royaume de Dieu, ni jusqu'à ce que nous puissions lever les yeux et dire : *Nous savons, en effet, que si notre habitation terrestre, qui n'est qu'une tente, est détruite, nous avons dans le ciel un édifice qui est l'œuvre de Dieu, une habitation éternelle qui n'est pas faite par la main de l'homme* (2 Corinthiens 5:1).

Voyez Romains 8:32 : *Lui qui n'a pas épargné son propre Fils mais l'a donné pour nous tous, comment ne nous accorderait-il pas aussi tout avec lui ?* S'il nous a donné son Fils, ne nous donnera-t-il pas la certitude qu'il est à nous ? J'ai entendu une histoire qui illustre ce point : un homme devait 10 000 dollars et aurait pu faire faillite, mais un ami s'est présenté et a payé la somme. Plus tard, on a appris que l'homme devait quelques dollars de plus, mais il n'a pas douté un seul instant que, tout comme son ami avait payé la plus grosse somme, il paierait aussi la plus petite. Et nous avons de bonnes raisons de dire que si Dieu nous a donné son Fils, il nous donnera aussi volontiers toutes choses avec lui ; si nous voulons confirmer notre salut sans l'ombre d'un doute, il ne nous laissera pas dans les ténèbres.

Lisez Romains 8:33-39 : *Qui accusera ceux que Dieu a choisis ? C'est Dieu qui les déclare justes ! Qui les condamnera ? Jésus-Christ est mort, bien plus, il est ressuscité, il est à la droite de Dieu et il intercède pour nous ! Qui nous séparera de l'amour de Christ ? Serait-ce la détresse, l'angoisse, la persécution, la faim, le dénuement, le danger ou l'épée ? De fait, il est écrit : C'est à cause de toi qu'on nous met à mort à longueur de journée, qu'on nous considère comme des brebis destinées à la boucherie. Au contraire, dans tout cela nous sommes plus que vainqueurs grâce à celui qui nous a aimés. En effet, j'ai l'assurance que ni la mort ni la vie, ni les anges ni les dominations, ni le présent ni l'avenir, ni les puissances, ni la hauteur, ni la profondeur, ni aucune autre créature ne pourra nous séparer de l'amour de Dieu manifesté en Jésus-Christ notre Seigneur.*

Cela sonne juste. C'est une certitude pour vous. *J'ai l'assurance.* Pensez-vous que le Dieu qui m'a déclaré juste me condamnera ? C'est tout à fait absurde. Dieu va nous sauver afin que ni les hommes, ni les anges, ni les démons ne puissent porter d'accusation contre nous ou contre lui. Il mènera l'œuvre à son terme.

Job a vécu à une époque plus sombre que la nôtre, mais c'est lui-même qui a dit : *Pour ma part, je sais que celui qui me rachète est vivant et qu'il se lèvera le dernier sur la terre* (Job 19:25).

La même confiance transparaît dans les dernières paroles de Paul à Timothée : *Voilà pourquoi j'endure ces souffrances, mais je n'en ai pas honte, car je sais en qui j'ai cru et je suis persuadé qu'il a la puissance de garder le dépôt qu'il m'a confié jusqu'à ce jour-là* (2 Timothée 1:12). Il ne s'agit pas de doute, mais de connaissance. *Je sais... je suis persuadé.* Le mot *espérance* n'est pas utilisé dans les Écritures pour exprimer le doute. Il est utilisé à propos de la seconde venue du Christ ou de la résurrection. Nous ne disons pas que nous espérons être chrétiens. Je ne dis pas que j'espère être américain ou marié. Ce sont des choses établies. Je peux dire que j'espère rentrer chez moi ou que j'espère assister à une certaine réunion. Je ne dis pas que j'espère venir dans ce pays, car j'y suis. Ainsi, si nous sommes nés de Dieu, nous le savons. Il ne nous laissera pas dans les ténèbres si nous sondons les Écritures.

Le Christ a enseigné cette doctrine à ses soixante-dix disciples lorsqu'ils sont revenus, enchantés de leur succès, en disant : *Seigneur, même les démons nous sont soumis en ton nom* (Luc 10:17). Le Seigneur a semblé modérer leur enthousiasme et a dit qu'il leur donnerait de quoi se réjouir. Il est écrit : *Cependant, ne vous réjouissez pas de ce que les esprits vous sont soumis, mais réjouissez-vous de ce que vos noms sont inscrits dans le ciel* (Luc 10:20).

C'est le privilège de chacun de nous de savoir sans l'ombre d'un doute que notre salut est assuré ; nous pouvons alors œuvrer pour les autres. Mais si nous doutons de notre propre salut, nous ne sommes pas aptes à servir Dieu.

Il y a un autre passage qui nous donne cette assurance, Jean 5:24 : *En vérité, en vérité, je vous le dis, celui qui écoute ma parole et qui croit à celui qui m'a envoyé a la vie éternelle ; il ne vient pas en jugement, mais il est passé de la mort à la vie.*

Certains disent qu'on ne peut jamais savoir si l'on est sauvé avant d'être devant le grand trône blanc du jugement. Mon cher ami, si votre vie est cachée avec Christ en Dieu, vous ne serez pas jugé pour vos péchés. Nous pouvons être jugés pour l'obtention d'une récompense. C'est ce qui est clairement enseigné lorsque le seigneur s'est adressé au serviteur à qui cinq sacs d'argent avaient été donnés et qui en a apporté cinq autres en disant : « *Seigneur, tu m'as remis cinq sacs d'argent. En voici cinq autres que j'ai gagnés.* » Son maître lui dit : « *C'est bien, bon et fidèle serviteur ; tu as été fidèle en peu de chose, je te confierai beaucoup. Viens partager la joie de ton maître.* » (Matthieu 25:20-21). Nous serons jugés pour notre gestion. C'est une chose, mais le salut — la vie éternelle — en est une autre.

Dieu exigera-t-il de nous le double de ce que le Christ a payé pour nous ? Si le Christ a porté mes péchés en son corps sur le bois de la croix, dois-je en répondre également ?

Ésaïe 53:5 nous dit qu'il *était blessé à cause de nos transgressions, brisé à cause de nos fautes : la punition qui nous donne la paix est tombée sur lui, et c'est par ses blessures que nous sommes guéris.* Romains 4:25 nous dit : *[Il] a été donné à cause de nos fautes et [il] est ressuscité à cause de notre justification.* Croyons et bénéficions de l'œuvre qu'il a achevée.

Nous lisons encore dans Jean 10:9 : *C'est moi qui suis la porte. Si quelqu'un entre par moi, il sera sauvé ; il entrera et sortira, et il trouvera de quoi se nourrir.* Telle est la promesse. Jean 10:27-29 dit : *Mes brebis écoutent ma voix, je les connais et elles me suivent. Je leur donne la vie éternelle. Elles ne périront jamais et personne ne pourra les arracher à ma main. Mon Père, qui me les a données, est plus grand que tous et personne ne peut les arracher à la main de mon Père.*

Pensez-y ! Le Père, le Fils et le Saint-Esprit se sont engagés à nous garder. Nous voyons qu'il ne s'agit pas seulement du Père, ni du Fils, mais des trois personnes du Dieu trinitaire.

Beaucoup de gens désirent un signe en plus de la Parole de Dieu. Cette habitude est toujours source de doute. Si je promettais à quelqu'un de le rencontrer demain à une certaine heure et à un certain endroit, et qu'il me demandait ma montre en gage de ma sincérité, ce serait une atteinte à ma crédibilité. Nous ne devons pas remettre en question ce que Dieu a dit. Il a multiplié les déclarations et les illustrations. Jésus dit :

*C'est moi qui suis la porte. Si quelqu'un entre par moi, il sera sauvé* (Jean 10:9).

*Moi, je suis le bon berger. Je connais mes brebis et elles me connaissent* (Jean 10:14).

*Je suis la lumière du monde. Celui qui me suit ne marchera pas dans les ténèbres, mais il aura au contraire la lumière de la vie* (Jean 8:12).

Jésus a dit qu'il est *le chemin, la vérité et la vie* (Jean 14:6). Recevez-moi et vous aurez la vérité, car je suis l'incarnation de la vérité.

Voulez-vous connaître le chemin ? Suivez-moi, et je vous conduirai dans le royaume. Avez-vous faim de justice ? Il est écrit : *C'est moi qui suis le pain de la vie. Celui qui vient à moi n'aura jamais faim et celui qui croit en moi n'aura jamais soif* (Jean 6:35).

Jésus est l'eau vive. Il est écrit : *Celui qui boira de l'eau que je lui donnerai n'aura plus jamais soif et l'eau que je lui donnerai deviendra en lui une source d'eau qui jaillira jusque dans la vie éternelle* (Jean 4:14).

Il a dit : *C'est moi qui suis la résurrection et la vie. Celui qui croit en moi vivra, même s'il meurt ; et toute personne qui vit et croit en moi ne mourra jamais* (Jean 11:25-26).

Laissez-moi vous rappeler d'où viennent nos doutes. Nombre de ceux qui sont chers à Dieu ne parviennent jamais à penser qu'ils sont plus que des serviteurs. Il nous appelle amis. Si vous entrez dans une maison, vous verrez vite la différence entre le serviteur et le fils. Le fils se promène en toute liberté dans la maison ; il est chez lui. Mais le serviteur occupe une place subalterne. Nous voulons dépasser le statut de simple serviteur. Nous devons prendre conscience de notre statut de fils et de filles de Dieu. Il ne « désenfantera » pas ses enfants. Dieu nous a non seulement adoptés, mais nous sommes ses enfants par naissance ; nous sommes nés dans son royaume. Mon petit garçon était mon enfant quand il avait un jour, et il l'est autant aujourd'hui qu'il a quatorze ans. C'était mon fils, même si rien ne semblait indiquer ce qu'il serait à l'âge adulte. C'est mon enfant, même s'il devra peut-être suivre une formation auprès de tuteurs et d'enseignants. Les enfants de Dieu ne sont pas parfaits, mais nous sommes parfaitement ses enfants.

Il y a une autre source de doutes, c'est le regard que nous portons sur nous-mêmes. Si nous voulons être malheureux et misérables, remplis de doutes du matin au soir, regardons à nous-mêmes. Il est écrit : « *Tu [lui] assures une paix profonde parce qu'il se confie en toi* (Ésaïe 26:3). Nombreux sont les enfants de Dieu qui sont privés de joie parce qu'ils ne cessent de se regarder.

Quelqu'un a dit : « Il y a trois façons de regarder. Si vous voulez être malheureux, regardez en vous ; si vous voulez être distrait, regardez autour de vous ; mais si vous voulez avoir la paix, regardez en haut. » Pierre a détourné le regard du Christ et a aussitôt commencé aussitôt à sombrer. Le Maître lui a dit : *Homme de peu de foi, pourquoi as-tu douté ?* (Matthieu 14:31). Il avait la parole éternelle de Dieu, qui était une base sûre et supérieure au marbre, au granit ou au fer, mais dès qu'il a quitté le Christ des yeux, il s'est effondré. Ceux qui regardent autour d'eux ne peuvent voir combien leur marche est instable et manque de dignité. Nous voulons regarder droit vers *Jésus, qui fait naître la foi et la mène à la perfection* (Hébreux 12:2).

Quand j'étais enfant, je ne pouvais tracer une ligne droite dans la neige qu'en fixant un arbre ou un objet devant moi. Dès que je quittais la marque des yeux, je zigzaguais. Ce n'est qu'en fixant le Christ que nous trouvons la paix parfaite. Après sa résurrection, il a montré ses mains et ses pieds à ses disciples (Luc 24:40). C'était le fondement de leur paix. Si vous voulez dissiper vos doutes, regardez son sang ; si vous voulez les accroître, regardez-vous. Vous accumulerez suffisamment de doutes pour des années en vous concentrant sur vous-même pendant quelques jours.

Regardez ce qu'il est et ce qu'il a fait, et non ce que vous êtes et ce que vous avez fait. C'est ainsi que vous trouverez la paix et le repos.

Abraham Lincoln a publié une proclamation annonçant l'émancipation de trois millions d'esclaves. Un jour, leurs chaînes devaient tomber et ils seraient libres. La proclamation a été affichée sur les arbres et les clôtures partout où l'armée du Nord marchait. Nombre d'esclaves ne savaient pas lire, mais d'autres ont lu la proclamation, et la plupart y ont cru. Ce jour-là, un cri de joie a retenti : « Nous sommes libres ! » Certains n'ont pas revendiqué cette liberté et sont restés auprès de leurs anciens maîtres, mais cela n'a rien changé à leur liberté. Le Christ, le capitaine de notre salut, a proclamé la liberté à tous ceux qui ont foi en lui. Prenons-le au mot. Les sentiments des esclaves ne les auraient pas libérés. La force doit venir de l'extérieur. Se regarder soi-même ne nous rendra pas libres, mais c'est regarder le Christ avec le regard de la foi qui nous rendra libres.

L'évêque J. C. Ryle a merveilleusement écrit dans son traité *Foi et Assurance* :

> « Rappelons-nous que la foi est la racine, et la certitude, la fleur. Sans aucun doute, on ne peut avoir la fleur sans la racine ; mais il est tout aussi certain qu'on peut avoir la racine et non la fleur.

> « La foi, c'est cette pauvre femme tremblante qui, dans la foule, s'est approchée de Jésus et a touché le bord de son vêtement (Marc 5:25). L'assurance, c'est Étienne, debout, calme au milieu de ses meurtriers, et disant : *Je vois le ciel ouvert et le Fils de l'homme debout à la droite de Dieu* (Actes 7:56).

> « La foi, c'est le voleur repentant qui crie : *Seigneur, souviens-toi de moi* (Luc 23:42). L'assurance, c'est Job assis dans la poussière, couvert d'ulcères, qui dit : *Je sais que celui qui me rachète est vivant* (Job 19:25). *Même s'il me tuait, je continuerais à espérer en lui* (Job 13:15).

> « La foi, c'est le cri de détresse de Pierre alors qu'il commence à couler : *Seigneur,*

*sauve-moi !* (Matthieu 14:30). L'assurance, c'est le même Pierre qui déclare plus tard devant le Conseil : *Jésus est la pierre rejetée par vous qui construisez et qui est devenue la pierre angulaire. Il n'y a de salut en aucun autre, car il n'y a sous le ciel aucun autre nom qui ait été donné parmi les hommes, par lequel nous devions être sauvés* (Actes 4:11-12).

« La foi, c'est une voix anxieuse et tremblante : *Je crois, Seigneur, viens au secours de mon incrédulité !* (Marc 9:24). L'assurance, c'est un défi plein de confiance : *Qui accusera ceux que Dieu a choisis ? C'est Dieu qui les déclare justes ! Qui les condamnera ?* (Romains 8:33-34).

« La foi, c'est Saul priant dans la maison de Judas à Damas, triste, aveugle et seul (Actes 9:11). L'assurance, c'est Paul, le vieux prisonnier, regardant calmement dans le tombeau et disant : *Je sais en qui j'ai cru* (2 Timothée 1:12), et *La couronne de justice m'est réservée* (2 Timothée 4:8).

« La foi, c'est la vie. Quelle grande bénédiction ! Qui peut mesurer l'abîme entre la vie et la mort ? Et pourtant, la vie peut être fragile, maladive, malsaine, douloureuse, éprouvante, angoissante, usante, pesante, sans joie et sans sourire jusqu'à la fin.

« L'assurance, c'est plus que la vie. C'est la santé, la force, la puissance, la vigueur, l'activité, l'énergie, la virilité et la beauté. »

Un ministre du culte a un jour prononcé la bénédiction de cette manière : « Que le cœur de Dieu nous accueille, que le sang du Christ nous purifie et que le Saint-Esprit nous donne l'assurance. » La sécurité du croyant est le résultat de l'opération de l'Esprit de Dieu.

Un autre écrivain a dit :

« J'ai vu des arbustes et des arbres pousser sur les rochers et surplomber d'effroyables précipices, des cataractes rugissantes et des cours d'eau profonds ; mais ils restaient en place et déployaient leurs feuillages et leurs branches comme s'ils se trouvaient au cœur d'une forêt dense. La façon dont ils s'accrochaient au rocher leur donnait de l'assurance, et les forces de la nature soutenaient leur vie. Ainsi, les croyants sont souvent exposés aux dangers les plus terribles dans leur voyage vers le ciel, mais tant qu'ils sont « enracinés et solidement établis » sur le Rocher des Âges, ils sont en parfaite sécurité. Le fait de s'accrocher à lui est leur garantie, et les bénédictions de sa grâce leur donnent la vie et les soutiennent dans la vie. Et comme l'arbre doit mourir, ou le rocher s'effondrer, avant qu'une rupture puisse s'opérer entre eux, de même le croyant doit perdre sa vie spirituelle, ou le Rocher doit s'effondrer, avant que leur union puisse être rompue[5]. »

Parlant du Seigneur Jésus, Ésaïe dit : « *Je l'enfoncerai comme un piquet dans un endroit solide et il sera un trône de gloire pour sa famille. On suspendra sur lui tout le poids de la maison de son père, les branches et les rameaux, tous les petits ustensiles, les bassines comme les vases* (Ésaïe 22:23-24).

Représentons-nous un piquet, fixé solidement, auquel pendent tous les ustensiles et tous les vases.

« Oh ! dit un petit vase, je suis si petit ! Si je tombais ?

— Oh, dit un ustensile, tu n'as rien à craindre, mais moi, je suis si lourd, si pesant ! Si je tombais ?

— Oh, dit un autre petit vase, si seulement j'étais comme le vase d'or que voilà, je n'aurais jamais peur de tomber.

— Ce n'est pas parce que je suis un vase d'or que je reste en l'air, répond alors le vase d'or, mais parce que je suis suspendu au piquet. »

Si le piquet cède, nous tombons tous — vases d'or, vases de porcelaine, vases d'étain et tout le reste ; mais tant que le piquet reste en place, tous ceux qui sont accrochés à lui sont accrochés en toute sécurité.

J'ai lu un jour ces mots sur une pierre tombale : « Né, mort, sauvé. » Prions Dieu de nous garder dans une paix parfaite et dans l'assurance du salut.

---

5    J. Bate, cité dans le commentaire de *The Biblical Illustrator* sur Galates 3:7. Exell, Joseph S. « Commentary on Galatians 3:7 ». *The Biblical Illustrator. http://www.studylight.org/commentaries/tbi/galatians-3.html.* 1905-1909. New York.

# Chapitre 8

# Le Christ est tout

*Christ est tout et en tous* (Colossiens 3:11).

Christ est tout ce que nous faisons de lui. Je tiens à souligner ce mot *tout*. Certains considèrent Jésus *comme un rejeton qui sort d'une terre toute sèche,* dont l'*aspect n'avait rien pour nous plaire* (Ésaïe 53:2). Il n'est rien pour eux ; ils ne le désirent pas. Certains chrétiens ont un Sauveur très petit, car ils ne sont pas disposés à le recevoir pleinement et à le laisser accomplir pour eux de grandes et puissantes œuvres. D'autres ont un Sauveur puissant, car ils comprennent qu'il est grand et puissant.

Si nous voulons savoir ce que le Christ veut être pour nous, nous devons d'abord le connaître comme celui qui nous sauve du péché. Lorsque l'ange est descendu du ciel pour annoncer la naissance de Jésus, il a déclaré son nom : *Tu lui donneras le nom de Jésus car c'est lui qui sauvera son peuple de ses péchés* (Matthieu 1:21).

Avons-nous été délivrés du péché ? Jésus n'est pas venu nous sauver *dans* nos péchés, mais *de* nos péchés.

Il existe trois façons de connaître quelqu'un. Certaines personnes ne vous sont connues que par ouï-dire. D'autres, simplement parce qu'on vous les a présentées ; vous ne les connaissez que très vaguement. Il y en d'autres encore que vous connaissez parce que vous les fréquentez depuis des années ; vous les connaissez intimement. De la même manière, je crois qu'il existe aujourd'hui trois catégories de personnes, dans l'Église chrétienne et en dehors. Certaines ne connaissent le Christ que par leurs lectures ou par ouï-dire — ce sont celles qui reconnaissent un Christ historique. D'autres ont une connaissance personnelle mais vague de lui. Troisièmement, certains ont soif, comme Paul, de connaître Christ : *Je connaîtrai Christ, [et] la puissance de sa résurrection* (Philippiens 3:10). Plus nous connaissons le Christ, plus nous l'aimerons et mieux nous le servirons.

## Celui qui sauve

Regardons Jésus pendu à la croix et voyons comment il a effacé le péché. Il est venu sur terre pour enlever nos péchés. Si nous le connaissons vraiment, nous devons d'abord le voir comme celui qui nous sauve du péché. Vous vous souvenez de la déclaration des anges aux bergers dans les plaines de Bethléem : *Je vous annonce une bonne nouvelle qui sera une source de grande joie pour tout le peuple : aujourd'hui, dans la ville de David, il vous est né un Sauveur qui est le Messie, le Seigneur* (Luc 2:10-11). Puis, si vous remontez à Ésaïe, sept cents ans avant la naissance du Christ, vous trouverez ces mots : *C'est moi, moi seul qui suis l'Éternel, et il n'y a aucun sauveur en dehors de moi* (Ésaïe 43:11).

Dans 1 Jean 4:14, nous lisons : *Et nous, nous avons vu et nous attestons que le Père a envoyé le Fils comme Sauveur du monde.* Toutes les religions païennes enseignent à faire des efforts pour s'élever vers Dieu, mais la religion de Jésus-Christ professe que c'est Dieu qui descend pour nous sauver et nous sortir du gouffre du péché. Dans Luc 19:10, nous lisons que le Christ lui-même a expliqué au peuple pourquoi il était venu : *le Fils de l'homme est venu chercher et sauver ce qui était perdu.* Le point de départ de notre salut est donc la croix et non le berceau. Le Christ a ouvert une voie nouvelle et vivante vers le Père. Il a éliminé toutes les pierres susceptibles de nous faire trébucher, afin que tous ceux qui placent leur confiance en Jésus comme Sauveur puissent être sauvés.

## Celui qui délivre

Mais Jésus-Christ n'est pas seulement un Sauveur. Je pourrais porter secours à un homme qui se noie et le sauver d'une mort prématurée, mais je ne pourrais peut-être rien faire de plus pour lui. Christ est plus qu'un Sauveur. Lorsque les enfants d'Israël ont été placés sous la protection du sang, ce sang était leur salut ; ils auraient encore entendu le claquement du fouet de l'esclavagiste s'ils n'avaient pas été délivrés du joug égyptien. C'est Dieu qui les a délivrés de la main du roi d'Égypte.

Je n'ai guère de sympathie pour l'idée que Dieu descende pour nous sauver, puis nous laisse en prison, esclaves de nos péchés accablants. Non. Il est venu pour nous délivrer et nous donner la victoire sur nos mauvais penchants, nos passions et nos convoitises. Êtes-vous un chrétien déclaré, mais esclave d'un péché pénible ? Si vous souhaitez vaincre ce penchant ou cette convoitise, continuez à faire connaissance avec le Christ plus intimement. Il apporte la délivrance pour le passé, le présent et l'avenir. Il est écrit : *C'est lui qui nous a délivrés d'une telle mort et qui nous en délivre encore. Oui, nous avons en lui cette espérance qu'il nous en délivrera encore* (2 Corinthiens 1:10).

## Celui qui nous rachète

Combien de fois, comme les enfants d'Israël arrivés à la mer Rouge, nous sommes-nous découragés parce que tout semblait sombre devant nous, derrière nous et autour de nous, et que nous ne savions pas où aller ? Comme Pierre, nous avons demandé : *À qui irions-nous ?* (Jean 6:68). Mais Dieu est apparu pour notre délivrance. Il nous a fait traverser la mer Rouge jusqu'au désert et nous a ouvert la voie vers la terre promise. Christ n'est pas seulement notre libérateur, il est aussi celui qui nous rachète. C'est bien plus que notre Sauveur. Il nous a ramenés. Il est écrit : *C'est pour rien que vous avez été vendus, et ce n'est pas à prix d'argent que vous serez rachetés* (Ésaïe 52:3). Nous n'avons pas été rachetés *par des choses corruptibles comme l'argent ou l'or* (1 Pierre 1:18). Si l'or avait pu nous racheter, n'aurait-il pas pu créer dix mille mondes remplis d'or ?

## Celui qui nous guide

Après que Dieu a racheté les enfants d'Israël de l'esclavage d'Égypte et les a fait traverser la mer Rouge, ils sont partis pour le désert, et Dieu est devenu leur chemin. Je suis vraiment reconnaissant que le Seigneur ne nous ait pas laissés dans l'obscurité en ce qui concerne le bon chemin. Personne n'a tâtonné dans les ténèbres sans avoir la possibilité de connaître ce chemin. *C'est moi qui suis le chemin*, dit Jésus (Jean 14:6). Si nous suivons le Christ, nous serons sur le bon chemin et aurons la bonne doctrine.

Qui pouvait conduire les enfants d'Israël à travers le désert comme le Dieu Tout-Puissant lui-même ? Il connaissait les embûches et les dangers du chemin, et il a guidé le peuple tout au long de son voyage vers la terre promise. Il est vrai que, sans leur maudite incrédulité, ils auraient pu traverser le pays de Kadès-Barnéa et en prendre possession, mais ils désiraient autre chose que la parole de Dieu ; ils ont donc été refoulés et ont dû errer dans le désert pendant quarante ans.

Je crois que des milliers d'enfants de Dieu errent encore dans le désert. Le Seigneur les a délivrés de la main des Égyptiens et les conduirait aussitôt à travers le désert jusqu'à la terre promise, si seulement ils étaient disposés à suivre Jésus. Il est venu ici-bas et a aplani les chemins accidentés, éclairé les lieux sombres et redressé les chemins tortueux. Si seulement nous nous laissons guider par lui et le suivons, nous connaîtrons la paix, la joie et le repos.

Dans l'Ouest sauvage américain, lorsqu'un homme

part à la chasse, il prend une hachette et coupe des morceaux d'écorce des arbres en traversant la forêt ; c'est ce qu'on appelle « tracer la piste ». Il le fait pour connaître le chemin du retour, car il n'y a pas de sentier à travers ces forêts denses. Le Christ est descendu sur terre et a « tracé la piste ». Maintenant qu'il est monté là-haut, si seulement nous le suivons, nous serons maintenus sur le droit chemin.

Vous pouvez savoir si vous suivez le Christ de cette manière : si quelqu'un vous a calomnié ou vous a mal jugé, est-ce que vous le traitez comme votre Maître l'aurait fait ? Si vous ne supportez pas ces choses avec amour et pardon, aucune église ni aucun ministre du culte au monde ne peut vous justifier. Il est écrit : *Si quelqu'un n'a pas l'Esprit de Christ, il ne lui appartient pas* (Romains 8:9). *Si quelqu'un est en Christ, il est une nouvelle créature. Les choses anciennes sont passées ; voici, toutes choses sont devenues nouvelles* (2 Corinthiens 5:17).

## Celui qui est notre lumière

Le Christ n'est pas seulement notre chemin, il est aussi la lumière sur notre chemin. Il dit : *Je suis la lumière du monde ; celui qui me suit ne marchera pas dans les ténèbres, mais il aura au contraire la lumière de la vie* (Jean 8:12). Il est impossible à quiconque suit le Christ de marcher dans les ténèbres. Si votre âme est plongée dans les ténèbres et que vous tâtonnez dans le brouillard et la brume de ce monde, c'est que vous vous êtes éloigné de la vraie lumière. Seule la lumière dissipera les ténèbres. Si vous marchez dans les ténèbres spirituelles, laissez le Christ entrer dans votre cœur. Il est la lumière.

Je me souviens d'une image que j'aimais beaucoup, mais maintenant que je l'ai regardée de plus près, je ne l'afficherais pas chez moi, à moins de la tourner vers le mur. Elle représente le Christ, debout et frappant à une porte, une grande lanterne à la main. Autant accrocher une lanterne au soleil que de la mettre dans la main du Christ. Il est le *Soleil de justice*, et c'est notre privilège de marcher à la lumière d'un soleil sans nuages (Malachie 3:20).

## Celui qui donne paix et joie

Beaucoup de gens recherchent la lumière, la paix et la joie. Nous ne sommes pas invités à rechercher ces choses. Si nous laissons le Christ entrer dans nos cœurs, tout cela viendra tout seul. Je me souviens qu'enfant, j'essayais d'attraper mon ombre. Un jour, alors que je marchais face au soleil, en me retournant, j'ai vu mon ombre me suivre. Plus j'allais vite, plus elle me suivait. Impossible de m'en détacher. Lorsque nos visages sont tournés vers le Soleil de Justice, la paix et la joie sont assurées.

Il y a quelque temps, un homme m'a demandé : « Moody, comment te sens-tu ? » Cela faisait si longtemps que je n'avais pas réfléchi à la façon dont je me sentais que j'ai dû m'arrêter un instant pour y réfléchir. Certains chrétiens pensent constamment à leurs émotions et, parce qu'ils ne se sentent pas bien, ils pensent que leur joie est partie. Si nous gardons le visage tourné vers le Christ et que nous sommes concentrés sur lui, nous serons tirés hors des ténèbres et des difficultés qui ont pu s'accumuler sur notre chemin.

Je me souviens d'une réunion qui s'est tenue après le déclenchement de la guerre civile. La guerre durait depuis environ six mois. L'armée du Nord avait été vaincue à Bull Run ; en réalité, nous ne pensions qu'à la défaite, et la république semblait en train de s'effondrer. Nous étions abattus et découragés. Lors de cette réunion, chaque orateur semblait avoir accroché sa harpe au saule (Psaume 137:2). Ce fut l'une des réunions les plus sombres auxquelles j'aie jamais assisté. Finalement, un vieil homme aux beaux cheveux blancs s'est levé pour prendre la parole. Son visage rayonnait littéralement. « Jeunes gens, a-t-il dit, vous ne parlez pas comme des fils du Roi. Bien qu'il fasse nuit ici, rappelez-vous qu'il fait jour ailleurs. » Puis il a poursuivi en disant que, s'il faisait nuit partout dans le monde, il faisait jour autour du trône de Dieu.

Il nous a dit qu'il venait de l'Est, où un ami lui avait raconté comment il était monté sur une montagne pour passer la nuit et admirer le lever du soleil. Alors que le groupe gravissait la montagne et avant même d'avoir atteint le sommet, une tempête s'est levée. Cet ami a dit au guide : « Je laisse tomber, ramenez-moi. »

Le guide a souri et a répondu : « Je pense que nous allons bientôt arriver au-dessus de la tempête. » Ils ont poursuivi leur route et sont rapidement arrivés dans un endroit aussi calme qu'une soirée d'été. Au fond de la vallée, un terrible orage faisait rage ; on entendait le tonnerre gronder et on voyait les éclairs, mais tout était calme et paisible au sommet de la montagne.

« Ainsi, mes jeunes amis, a poursuivi le vieil homme, même si tout est sombre autour de vous, montez un peu plus haut et l'obscurité s'enfuira. » Souvent, lorsque j'étais enclin au découragement, j'ai pensé à ces paroles. Si vous êtes dans la vallée, au milieu du brouillard épais et de l'obscurité, montez un peu plus haut ; rapprochez-vous du Christ et apprenez à mieux le connaître.

La Bible dit que lorsque le Christ est mort sur la croix, la lumière du monde s'est éteinte. Dieu a envoyé son Fils pour être la lumière du monde, mais les hommes n'ont pas aimé cette lumière, car elle les a réprimandés pour leurs péchés. Alors qu'ils étaient sur le point d'éteindre cette lumière, qu'a dit le Christ à ses disciples ? *Vous serez mes témoins* (Actes 1:8). Il est allé intercéder pour nous, mais il veut que nous brillions pour lui ici-bas. *Vous êtes la lumière du monde* (Matthieu 5:14). Notre tâche est de briller, et non de nous vanter pour attirer les regards. Ce que nous devons faire, c'est proclamer le Christ. Si nous avons une lumière, c'est une lumière empruntée.

Quelqu'un a dit à un jeune chrétien : « La conversion ! Quelle blague ! C'est la lune en plein midi ! »

Le jeune chrétien a répondu : « Je vous remercie pour la comparaison. La lune emprunte sa lumière au soleil, et nous empruntons la nôtre au Soleil de Justice. » Si nous appartenons au Christ, nous sommes ici pour briller pour lui. Bientôt, il nous rappellera à la maison pour nous récompenser.

Je me souviens d'avoir entendu parler d'un aveugle

assis au bord du chemin, une lanterne à côté de lui. Lorsqu'on lui a demandé pourquoi il avait une lanterne puisqu'il ne pouvait en voir la lumière, il a répondu que c'était pour que personne ne trébuche sur lui. Je crois qu'il y a plus de gens qui trébuchent sur les incohérences de ceux qui se déclarent chrétiens que pour toute autre raison. Ce qui nuit davantage à la cause du Christ que tout le scepticisme du monde, c'est ce formalisme froid et mort, cette conformité au monde, cette prétention à avoir ce qu'on ne possède pas. Les yeux du monde sont braqués sur nous. Je crois que c'est George Fox qui disait que chaque Quaker devrait éclairer le pays à quinze kilomètres autour de lui. Si nous brillions tous pour le Maître, ceux qui nous entourent seraient bientôt atteints et un cri de louange monterait jusqu'au ciel.

## Celui qui est la vérité

Les gens disent : « Je veux connaître la vérité. » Écoutez : Jésus a dit qu'il est la vérité (Jean 14:6). Si vous voulez connaître la vérité, faites connaissance avec le Christ. Certains se plaignent aussi de ne pas avoir de vie. Nombreux sont ceux qui cherchent à avoir une vie spirituelle. Vous pouvez vous galvaniser et vous électriser, pour ainsi dire, mais l'effet ne durera pas très longtemps. Seul le Christ est l'auteur de la vie. Si vous voulez avoir une véritable vie spirituelle, apprenez à connaître Jésus-Christ. Nombreux sont ceux qui cherchent à éveiller leur vie spirituelle en assistant à des réunions. C'est peut-être une bonne chose, mais cela ne servira à rien s'ils n'entrent pas en contact avec le Christ vivant ; alors leur vie spirituelle ne sera pas intermittente, mais perpétuelle, elle s'écoulera sans cesse et portera du fruit pour Dieu.

## Celui qui nous garde

Jésus est notre gardien. Beaucoup de jeunes disciples craignent de ne pas tenir bon et de ne pas persévérer dans la foi. Il est écrit : *Non, il ne somnole pas, il ne dort pas, celui qui garde Israël* (Psaume 121:4). C'est l'œuvre du Christ de nous garder, et s'il nous garde, il n'y aura aucun danger de chute. Je suppose que si la reine devait prendre soin de la couronne d'Angleterre, un voleur pourrait tenter d'y accéder, mais elle est entreposée dans la Tour de Londres et gardée jour et nuit par des soldats. Toute l'armée anglaise serait appelée pour la protéger, si nécessaire. Nous n'avons aucune force en nous-mêmes. Nous ne sommes pas de taille en face de Satan ; il a six mille ans d'expérience. Mais alors, nous nous souvenons que celui qui ne somnole pas et ne dort pas est notre gardien. Dans Ésaïe 41:10, nous lisons : *N'aie pas peur, car je suis moi-même avec toi. Ne promène pas des regards inquiets, car je suis ton Dieu. Je te fortifie, je viens à ton secours, je te soutiens par ma main droite, la main de la justice.* Jude, verset 24, nous dit qu'il est capable de nous *garder de toute chute. Nous avons un défenseur auprès du Père, Jésus-Christ le juste* (1 Jean 2:1).

## Celui qui est notre berger

Jésus-Christ est aussi notre berger. C'est le travail du berger de prendre soin de ses brebis, de les nourrir et de les protéger. Il est écrit : *JE SUIS le bon berger... Je connais mes brebis et elles me connaissent... Je donne ma vie pour mes brebis.* Dans ce merveilleux dixième chapitre de Jean, le Christ utilise la première personne du singulier pas moins de vingt-huit fois pour déclarer ce qu'il est et ce qu'il fera. Au verset 28, il dit : *Elles ne périront jamais, et personne ne pourra les arracher à ma main.* Ni l'homme ni le diable n'en sont capables. L'Écriture déclare également : *Votre vie est cachée avec Christ en Dieu* (Colossiens 3:3). Quelle sécurité !

Le Christ dit : *Mes brebis écoutent ma voix... et elles me suivent* (Jean 10:27). Un voyageur, en Orient, avait entendu parler d'un berger qui pouvait appeler toutes ses brebis par leur nom. Il est allé demander si c'était vrai. Le berger l'a conduit au pâturage où elles se trouvaient et a appelé l'une d'elles par un nom. Une brebis a levé les yeux et a répondu à l'appel, tandis que les autres continuaient à brouter sans y prêter attention. De la même manière, il a appelé une douzaine de brebis autour de lui. L'étranger lui a dit : « Comment les distinguez-vous les unes des autres ? Elles se ressemblent toutes parfaitement. »

« Eh bien, voyez-vous, a répondu le berger, cette brebis a les pattes un peu tournées vers l'intérieur ; l'autre louche ; à une autre, il manque un peu de laine à un endroit ; une autre a une tache noire ; une autre a perdu un morceau d'oreille. » L'homme reconnaissait toutes ses brebis à leurs défauts, car il n'y en avait pas une parfaite dans tout le troupeau. Je suppose que notre Berger nous connaît de la même manière.

Un berger oriental racontait un jour à un voyageur que ses brebis reconnaissaient sa voix et qu'aucun étranger ne pouvait les tromper. Le voyageur a voulu mettre cette affirmation à l'épreuve. Il a revêtu la robe et le turban du berger, a pris son bâton et a rejoint le troupeau. Il a déguisé sa voix et essayé de parler autant que possible comme le berger, mais il n'est pas parvenu pas à convaincre une seule brebis du troupeau de le suivre. Il a demandé au berger si ses brebis suivaient parfois un étranger. Il a répondu que si une brebis tombait malade, elle suivrait n'importe qui.

Il en va de même pour de nombreuses personnes qui se disent chrétiennes : lorsqu'elles sont malades et affaiblies dans la foi, elles suivent n'importe quel enseignant ; mais un chrétien dont l'âme est en bonne santé ne se laisse pas emporter par les erreurs et les hérésies. Il sait si la voix dit la vérité ou non. Il peut rapidement reconnaître la voix de Dieu, s'il est réellement en communion avec Dieu. Lorsque Dieu envoie un véritable messager, ses paroles trouvent un écho immédiat dans le cœur d'un chrétien.

Le Christ est un tendre berger. Vous pourriez parfois penser qu'il n'a pas été un berger très tendre envers vous, si vous traversez des épreuves. Il est écrit : *Le Seigneur châtie celui qu'il aime, et il frappe de la verge tous ceux qu'il reconnaît pour ses fils* (Hébreux 12:6). Ce n'est pas parce que vous traversez des épreuves que le Christ ne vous aime pas. Un de mes amis a perdu tous ses enfants. Personne n'aurait pu aimer sa famille autant que lui, mais la scarlatine les a emportés un par un ; les quatre ou cinq enfants sont morts l'un après l'autre. Les pauvres parents, frappés par cette épreuve, sont partis en Grande-Bretagne et ont vécu d'un endroit à l'autre, là-bas et sur le continent.

Ils ont fini par arriver en Syrie. Un jour, ils ont vu un berger descendre vers un ruisseau et appeler son troupeau à traverser. Les brebis sont descendues jusqu'au bord et ont regardé l'eau, mais elles ont semblé s'en détourner, et il n'a pas réussi à les faire répondre à son appel. Il a alors pris un petit agneau et l'a mis sous son bras ; il a pris un autre agneau et l'a mis sous l'autre bras, puis il a traversé le ruisseau. Les vieilles brebis ne sont pas restées plus longtemps à regarder l'eau. Elles se sont jetées à la suite du berger, et en quelques minutes, tout le troupeau était de l'autre côté. Il l'a emmené vers des pâturages plus verts.

En contemplant la scène, le père et la mère endeuillés y ont vu une leçon. Ils ont cessé de se lamenter sur le fait que le Grand Berger avait emmené leurs agneaux un par un dans l'au-delà. Ils ont levé les yeux vers le jour où ils retrouveraient leurs proches. Si vous avez des proches disparus, rappelez-vous que votre Berger vous appelle à vous attacher *aux choses d'en haut, et non à celles qui sont sur la terre* (Colossiens 3:2). Soyons-lui fidèles et suivons-le tant que nous sommes ici-bas. Si vous ne l'avez pas encore pris pour Berger, faites-le dès aujourd'hui.

## Celui qui est bien plus encore

Le Christ n'est pas seulement tout ce que j'ai mentionné. Il est aussi celui qui intercède pour nous, celui qui nous déclare justes, celui qui nous guide vers la sainteté ; en fait, il faudrait des livres entiers pour décrire ce qu'il désire être pour chaque âme. En feuilletant des papiers, j'ai lu un jour cette merveilleuse description du Christ. Je ne sais pas d'où elle vient, mais elle a été si rafraîchissante pour mon âme que j'aimerais vous l'exposer :

- « Le Christ est notre chemin ; nous marchons en lui.

- Il est notre Vérité ; nous adhérons à lui.

- Il est notre Vie ; nous vivons en lui.

- Il est notre Seigneur ; nous le choisissons pour régner sur nous.

- Il est notre Maître ; nous le servons.

- Il est notre Enseignant, qui nous instruit sur la voie du salut.

- Il est notre Prophète, qui nous indique l'avenir.

- Il est notre Prêtre, qui a fait l'expiation pour nous.

- Il est notre Avocat, toujours vivant pour intercéder pour nous.

- Il est notre Sauveur, qui nous sauve parfaitement.

- Il est notre Racine ; nous grandissons à partir de lui.

- Il est notre Pain ; nous nous nourrissons de lui.

- Il est notre Berger, qui nous conduit dans de verts pâturages.

- Il est notre vrai Cep ; nous subsistons grâce à lui.

- Il est l'Eau de la Vie ; nous étanchons notre soif en lui.

- Il est le plus beau parmi dix mille ; nous l'admirons plus que tout autre.

- Il est l'éclat de la gloire du Père et l'image fidèle de sa personne ; nous nous efforçons d'être son reflet.

- Il est le soutien de toutes choses ; nous nous appuyons sur lui.

- Il est notre Sagesse ; nous sommes guidés par lui.

- Il est notre Justice ; nous lui confions toutes nos imperfections.

- Il est notre Sanctification ; nous puisons en lui toute notre force pour mener une vie sainte.

- Il est notre Rédemption, il nous rachète de toute faute.

- Il est notre Médecin, qui guérit toutes nos maladies.

- Il est notre Ami, qui nous vient en aide dans tous nos besoins.

- Il est notre Frère, qui nous encourage dans nos difficultés. »

Gotthold Lessing a écrit un autre beau texte :

« Quant à moi, mon âme est comme un enfant affamé et assoiffé, et j'ai besoin de son amour et de ses consolations pour me rafraîchir. Je suis une brebis errante et perdue, et j'ai besoin de lui comme d'un berger bon et fidèle. Mon âme est comme une colombe effrayée poursuivie par le faucon, et j'ai besoin de ses blessures pour trouver un refuge. Je suis une vigne faible, et j'ai besoin de sa croix pour la saisir et m'y accrocher. Je suis pécheur, et j'ai besoin de sa justice. Je suis nu et dépouillé, et j'ai besoin de sa sainteté et de son innocence pour me couvrir. Je suis dans la détresse et l'inquiétude, et j'ai besoin de son réconfort. Je suis ignorant, et j'ai besoin de son enseignement ; je suis simple et sans intelligence, et j'ai besoin de la direction de son Saint-Esprit. En aucune situation et à aucun moment je ne peux me passer de lui. Si je prie ? Il faut qu'il m'inspire et intercède pour moi. Si je suis traduit par Satan devant le tribunal divin ? Il faut qu'il soit mon avocat. Si je suis dans la tristesse ? Il faut qu'il soit mon secours. Si je suis persécuté par le monde ? Il faut qu'il me défende. Quand je suis abandonné, il faut qu'il soit mon soutien. Au jour de ma mort, il sera ma vie ; au tombeau, ma résurrection. Eh bien, je préfère me séparer du monde entier et de tout ce qu'il contient, plutôt que de toi, mon Sauveur ; et, Dieu en soit remercié, je sais que toi non plus, tu ne peux ni ne veux te passer de moi. Tu es riche, et je suis pauvre. Tu es dans l'abondance, et je suis dans le besoin. Tu as la justice, et j'ai le péché. Tu as le vin et l'huile, et j'ai les blessures. Tu as les boissons et les rafraîchissements, et j'ai faim et soif.

« Utilise-moi donc, mon Sauveur, dans le but et de la manière que tu voudras. Voici mon pauvre cœur, un vase vide ; remplis-le de ta grâce. Voici mon âme pécheresse et troublée ; ravive-la et rafraîchis-la par ton amour. Prends mon cœur pour demeure ; ma bouche pour répandre la gloire de ton nom ; mon amour et toutes mes forces pour l'avancement de ton honneur et le service de ton peuple croyant. Ne laisse jamais faiblir la fermeté et la confiance de ma foi, afin qu'à tout moment je puisse dire du fond du cœur : "Jésus a besoin de moi, et moi de lui ; et ainsi nous sommes faits l'un pour l'autre." »

# Chapitre 9

# Pour ceux qui sont revenus en arrière

*Je réparerai leur infidélité, j'aurai pour eux un amour sincère ; car ma colère s'est détournée d'eux* (Osée 14:4).

Il existe deux types de personnes qui reviennent en arrière. Certaines ne se sont jamais converties ; elles ont rejoint une communauté chrétienne et disent qu'elles ont perdu la flamme, mais elles n'ont jamais, si je puis dire, « gagné la flamme ». Elles peuvent dire qu'elles ont perdu la flamme, mais elles ne sont jamais vraiment nées de nouveau. Il faut les traiter différemment de celles qui ont réellement perdu la flamme — celles qui sont nées de la semence incorruptible, mais qui se sont détournées. Nous voulons les ramener par le même chemin qu'elles ont emprunté pour quitter leur premier amour.

Ouvrez le Psaume 85:6-8. Vous y lisez : *Es-tu irrité contre nous pour toujours ? Ta colère durera-t-elle de génération en génération ? Ne veux-tu pas nous rendre la vie, afin que ton peuple se réjouisse en toi ? Éternel, fais-nous voir ta bonté et accorde-nous ton salut !*

Maintenant, regardez le Psaume 85:9 : *J'écouterai ce que dit Dieu, l'Éternel, car il parle de paix à son peuple et à ses fidèles, pourvu qu'ils ne retombent pas dans la folie.*

Rien ne fera autant de bien à ceux qui sont retournés en arrière que la lecture de la Parole de Dieu ; pour eux, l'Ancien Testament est aussi précieux que le Nouveau. Le livre de Jérémie contient des passages merveilleux pour ceux qui sont retournés en arrière. Notre objectif est de les amener à entendre ce que le Seigneur Dieu leur dira.

Lisez un instant Jérémie 6:10 : *À qui parler et qui prendre à témoin pour qu'on m'écoute ? Leur oreille est vraiment incirconcise, ils sont incapables d'être attentifs. La parole de l'Éternel est vraiment pour eux synonyme de honte, ils n'y trouvent aucun plaisir.* Voilà la condition de ceux qui sont retournés en arrière. Ils ne prennent aucun plaisir à la Parole de Dieu. Mais nous voulons les ramener et faire en sorte qu'ils écoutent Dieu. Lisez maintenant Jérémie 6:14-17 :

> *Ils remédient superficiellement au désastre de mon peuple : « Tout va bien ! Tout va bien ! » disent-ils, mais rien ne va. Ils devraient être couverts de honte parce qu'ils ont commis des horreurs, mais ils ne rougissent même pas, ils ne connaissent même pas la honte.*

*C'est pourquoi ils tomberont avec ceux qui tombent, ils trébucheront lorsque j'interviendrai contre eux, dit l'Éternel. Voici ce que dit l'Éternel : « Placez-vous sur les chemins, regardez et renseignez-vous sur les pistes qui ont toujours été suivies. Quelle est la bonne voie ? Marchez-y et vous trouverez le repos pour votre âme ! » Mais ils répondent : « Nous n'y marcherons pas. » « J'ai désigné des personnes chargées de veiller sur vous : Faites attention au son de la trompette ! » Mais ils répondent : « Nous n'écouterons pas. »*

Telle était la condition des Juifs lorsqu'ils étaient retournés en arrière. Ils s'étaient détournés des anciens sentiers. Telle est la condition de ceux qui retournent en arrière. Ils se sont éloignés du bon vieux Livre. Adam et Ève ont chuté en refusant d'écouter la parole de Dieu. Ils n'ont pas cru à la parole de Dieu, mais ils ont cru le tentateur. C'est ainsi que ceux qui retournent en arrière chutent : en se détournant de la Parole de Dieu.

Dans le deuxième chapitre de Jérémie, nous trouvons Dieu plaidant sa cause auprès d'eux comme un père plaiderait la sienne auprès de son fils :

*Voici ce que dit l'Éternel : Quelle injustice vos ancêtres ont-ils trouvée en moi pour s'éloigner de moi et suivre des idoles sans consistance au point de perdre eux-mêmes toute consistance ?… C'est pourquoi je veux encore lancer des accusations contre vous, déclare l'Éternel,*

*je veux aussi en lancer contre vos descen-*
*dants… En effet, c'est un double mal que mon*
*peuple a commis : ils m'ont abandonné, moi*
*qui suis une source d'eau vive, pour se creu-*
*ser des citernes, des citernes fissurées qui ne*
*retiennent pas l'eau* (Jérémie 2:5, 9, 13).

Il y a une chose sur laquelle nous devons attirer l'attention de ceux qui sont retournés en arrière : le Seigneur
ne les a jamais abandonnés, mais ce sont eux qui l'ont
abandonné ! Le Seigneur ne les a jamais quittés, mais
ce sont eux qui l'ont quitté ! Et cela, sans raison ! Il
demande : *Quelle injustice vos ancêtres ont-ils trouvée*
*en moi pour s'éloigner de moi ?* Dieu n'est-il pas le même
aujourd'hui que lorsque vous êtes venus à lui ? Dieu
a-t-il changé ? Les hommes ont tendance à penser que
Dieu a changé, mais la faute est de leur côté. Vous qui
êtes retournés en arrière, je vous demande : « Quelle
injustice y a-t-il en Dieu pour que vous l'ayez abandonné
et que vous vous soyez éloignés de lui ? » Vous vous êtes
creusé, dit-il, des citernes fissurées qui ne retiennent pas
l'eau. Le monde ne peut satisfaire la nouvelle nature.
Aucune source terrestre ne peut satisfaire l'âme devenue
participante de la nature céleste. L'honneur, la richesse
et les plaisirs de ce monde ne satisferont pas ceux qui
se sont égarés et ont cherché un rafraîchissement aux
sources du monde après avoir goûté à l'eau de la vie.
Les sources terrestres s'assécheront. Elles ne peuvent
pas étancher la soif spirituelle.

Jérémie 2:32 dit : *La jeune fille oublie-t-elle ses bijoux,*
*ou la fiancée sa parure ? Pourtant, mon peuple m'a*

*oublié depuis un nombre de jours incalculable.* Voilà l'accusation que Dieu porte contre celui qui s'égare. Il *m'a oublié depuis un nombre de jours incalculable.*

Les jeunes femmes sont souvent surprises lorsque je leur dis :

« Chère amie, vous pensez plus à vos boucles d'oreilles qu'au Seigneur.

— Non, je ne le pense pas, répondent-elles.

— Est-ce que vous ne seriez pas préoccupées si vous en perdiez une, et est-ce que vous ne la chercheriez pas ? m'arrive-t-il de demander.

— Eh bien, oui, je pense que je le ferais », répondent-elles.

Mais lorsque les gens se détournent du Seigneur, cela ne les inquiète pas, et ils ne le cherchent pas pour le trouver.

Combien de jeunes femmes, autrefois en communion avec le Seigneur, pensent aujourd'hui davantage à leurs vêtements et à leurs bijoux qu'à leur âme précieuse ! L'amour n'aime pas être oublié. Les mères auraient le cœur brisé si leurs enfants les quittaient sans jamais leur écrire un mot ni leur envoyer un seul souvenir de leur affection. Dieu plaide sa cause auprès de ceux qui s'éloignent, comme un parent pour ses proches égarés. Il essaie de les ramener. Il demande : « Qu'ai-je fait pour que vous m'abandonniez ? »

Les paroles les plus tendres et les plus affectueuses de toute la Bible sont celles que Dieu adresse à ceux qui l'ont abandonné sans raison. Écoutez comment il argumente : *Ta méchanceté te punira et ton infidélité te jugera. Sache et constate que c'est mal et que c'est source d'amertume d'abandonner l'Éternel, ton Dieu, et de n'avoir aucun respect pour moi, déclare le Seigneur, l'Éternel, le maître de l'univers* (Jérémie 2:19).

Je n'exagère pas en disant que j'ai vu des centaines de personnes qui s'étaient éloignées revenir, et je leur ai demandé si elles ne reconnaissaient pas que c'est un mal et une source d'amertume de quitter le Seigneur. Impossible de trouver, parmi les égarés ayant connu le Seigneur, une seule personne qui n'admette pas que c'est un mal et une source d'amertume de se détourner de lui. Je ne connais pas de verset plus utilisé pour ramener les égarés que celui de Jérémie. Puisse-t-il vous ramener si vous vous êtes égarés dans un pays lointain.

Considérez Lot. N'a-t-il pas trouvé que c'était un mal et une source d'amertume ? Il avait vécu à Sodome pendant vingt ans et n'avait jamais amené personne à se convertir. Il s'en sortait bien aux yeux du monde. On aurait dit qu'il était l'un des hommes les plus influents et les plus méritants de tout Sodome. Mais hélas ! Il a ruiné sa famille. C'est un spectacle pitoyable de voir ce vieil égaré parcourir les rues de Sodome à minuit, après qu'il a prévenu ses enfants et qu'ils ont fait la sourde oreille.

Je n'ai jamais vu un homme et sa femme revenir en arrière sans que cela ne cause la ruine totale de leurs enfants. Ils se moquent de la religion et ridiculisent leurs parents : *Ta méchanceté te punira et ton infidélité te jugera.* David n'a-t-il pas constaté cela ? Écoutez-le crier : *Mon fils Absalom ! Mon fils, mon fils Absalom ! Si seulement j'étais mort à ta place ! Absalom, mon fils, mon fils !* (2 Samuel 19:1). Je pense que c'est la ruine morale de son fils plutôt que sa mort qui lui a causé cette angoisse.

Je me souviens d'avoir discuté avec un vieil homme, jusqu'après minuit, il y a plusieurs années. Il errait depuis des années sur les montagnes arides du péché. Cette nuit-là, il voulait revenir à Dieu. Nous avons prié, prié, prié, jusqu'à ce que la lumière de Dieu l'éclaire ; il s'en est allé, joyeux. La nuit suivante, il était assis devant moi pendant que je prêchais, et je crois n'avoir jamais vu quelqu'un aussi triste et misérable de toute ma vie. Il m'a suivi dans le bureau d'entretien.

« Quel est le problème ? ai-je demandé. Est-ce que vous avez perdu de vue le Sauveur ? Est-ce que vos doutes sont revenus ?

— Non, ce n'est pas ça, a-t-il dit. Je ne suis pas allé travailler, mais j'ai passé toute la journée à rendre visite à mes enfants. Ils sont tous mariés et vivent dans cette ville. Je suis allé de maison en maison, mais ils se sont tous moqués de moi. C'est le jour le plus sombre de ma vie. J'ai pris conscience de ce que j'ai fait. J'ai emmené mes enfants dans le monde, et maintenant je ne peux plus les en sortir. »

Le Seigneur lui avait rendu la joie de son salut, mais sa faute avait entraîné d'amères conséquences. Si vous observez ceux qui vous entourent, vous constaterez que de tels cas se répètent sans cesse. Nombreux sont ceux qui sont venus dans votre ville il y a des années et ont servi Dieu dans leur prospérité, mais l'ont oublié ; et où sont leurs fils et leurs filles ? Montrez-moi le père et la mère qui ont abandonné le Seigneur et sont retournés aux petites choses du monde, et il est probable que leurs enfants sont sur le chemin de la ruine morale.

Désireux d'être loyaux envers eux, nous avertissons

ceux qui se sont éloignés. C'est un signe d'amour que de les avertir du danger. On peut nous considérer comme des ennemis pendant un temps, mais les amis les plus sincères sont ceux qui élèvent la voix pour avertir. Israël n'avait pas d'ami plus fidèle que Moïse. Jérémie, un prophète qui pleurait sur Israël, a été donné par Dieu à son peuple pour le ramener à lui, mais les Israélites ont rejeté Dieu. Ils ont oublié le Dieu qui les avait fait sortir d'Égypte et qui les avait conduits à travers le désert jusqu'à la terre promise. Dans leur prospérité, ils l'ont oublié et se sont détournés. Le Seigneur leur avait annoncé ce qui arriverait, et c'est arrivé (Deutéronome 28). Le roi qui avait méprisé la parole de Dieu a été emmené captif par Nebucadnetsar, ses enfants ont été amenés devant lui, et tous ont été tués. Puis on lui a crevé les yeux, on l'a attaché avec des chaînes d'airain et on l'a jeté dans un cachot à Babylone (2 Rois 25:7). C'est ainsi qu'il a récolté ce qu'il avait semé. Oui, c'est un mal et une source d'amertume que de retomber dans l'erreur, mais le Seigneur veut vous reconquérir avec le message de sa Parole.

Dans Jérémie 8:5, nous lisons : *Je suis attentif et j'écoute : ils ne parlent pas comme ils le devraient. Aucun ne regrette sa méchanceté et ne se dit : « Qu'ai-je fait ? » Tous retournent à leur course, pareils à un cheval qui s'élance au combat. Même la cigogne, dans le ciel, reconnaît l'époque de sa migration ; la tourterelle, l'hirondelle et la grue respectent le moment de leur retour, mais mon peuple ne reconnaît pas le droit établi par l'Éternel* (Jérémie 8:6-7).

Maintenant, regardez : *Je suis attentif et j'écoute :*

*ils ne parlent pas comme ils le devraient.* Pas de culte familial ! Pas de lecture de la Bible ! Pas de pratique religieuse personnelle ! Dieu se penche pour écouter, mais son peuple s'est détourné ! Un chrétien égaré mais repentant, quelqu'un qui aspire au pardon et à la restauration, ne trouvera pas de paroles plus tendres que celles de Jérémie 3:12-14 :

> *Va crier ces paroles vers le nord, va dire :*
> *Reviens, infidèle Israël ! déclare l'Éternel.*
> *Je ne jetterai pas un regard sévère sur vous,*
> *car moi, je suis fidèle, déclare l'Éternel. Je ne*
> *garde pas ma colère pour toujours. Reconnais*
> *seulement ta faute ! Oui, tu t'es révoltée*
> *contre l'Éternel, ton Dieu. Tu t'es démenée*
> *de tous côtés vers les dieux étrangers, sous*
> *tout arbre vert, et tu n'as pas écouté ma voix,*
> *déclare l'Éternel. Revenez, enfants rebelles,*
> *déclare l'Éternel, car c'est moi qui suis votre*
> *maître. Je vous prendrai, un d'une ville, deux*
> *d'une famille, et je vous ramènerai à Sion.*

*Reconnais seulement ta faute.* Combien de fois ai-je montré ce passage à une personne qui s'était éloignée ! Reconnaissez votre péché, et Dieu dit qu'il vous pardonnera. Je me souviens d'un homme qui m'a demandé : « Qui a dit ça ? C'est écrit là ? » Je lui ai montré le passage, *Reconnais seulement ta faute*, et l'homme s'est mis à genoux et s'est écrié : « Mon Dieu, j'ai péché. » Le Seigneur l'a rétabli sur-le-champ. Si vous vous êtes égaré, il veut que vous reveniez.

Plus tard, Dieu dit : *Que puis-je te faire, Éphraïm ? Que puis-je te faire, Juda ? Votre attachement est pareil à la nuée du matin, à la rosée qui se dissipe très vite* (Osée 6:4). Sa compassion et son amour sont merveilleux !

Voyez Jérémie 3:22 : *Revenez, enfants rebelles ! Je guérirai votre tendance à l'infidélité. Nous voici, nous venons vers toi, car c'est toi qui es l'Éternel, notre Dieu.* Il met même les bonnes paroles dans la bouche de celui qui a péché. Venez seulement, et si vous venez, il vous accueillera avec grâce et vous aimera de tout son cœur.

Dans Osée 14:2-3, 4, nous lisons : *Israël, reviens à l'Éternel, ton Dieu ! En effet, tu as trébuché par ta faute. Apportez avec vous des paroles et revenez à l'Éternel ! Dites-lui* [il met les paroles dans votre bouche] : *Pardonne toutes nos fautes et fais-nous bon accueil ! Nous t'offrirons, au lieu de taureaux, l'hommage de nos lèvres… Je réparerai leur infidélité, j'aurai pour eux un amour sincère, car ma colère s'est détournée d'eux.* « Revenez à Dieu » résonne tout au long de ces passages.

Si vous vous êtes égaré, rappelez-vous que c'est vous qui l'avez quitté — il ne vous a pas abandonné. Vous devez sortir du gouffre des égarés par le même chemin qui vous y a conduit. Si vous reprenez le même chemin que lorsque vous avez quitté le Maître, vous le trouverez maintenant, là où vous êtes.

Si nous traitions le Christ comme n'importe quel ami terrestre, nous ne le quitterions jamais, et il n'y aurait jamais un seul chrétien qui s'égare. Si j'étais en ville pendant une semaine, je ne penserais pas à repartir sans serrer la main des amis que je me suis faits et leur dire au revoir. Je serais critiqué à juste titre si je prenais le train et partais sans dire un mot à personne. On crierait : « Qu'est-ce qui ne va pas ? » Mais avez-vous déjà entendu parler d'un chrétien égaré disant au revoir au Seigneur Jésus-Christ ? Avez-vous déjà entendu parler de quelqu'un qui s'est détourné de Jésus après avoir l'avoir rencontré seul à seul et lui avoir dit : « Seigneur Jésus, je te connais depuis dix, vingt ou trente ans, mais je suis fatigué de te servir. Ton joug n'est pas facile, ni ton fardeau léger, alors je retourne au monde, aux choses de l'Égypte. Adieu, Seigneur Jésus ! Adieu ! » Avez-vous déjà entendu cela ? Non ; vous ne l'avez jamais entendu, et vous ne l'entendrez jamais. Je vous le dis, si vous vous retrouvez seul avec Dieu, si vous vous tenez à l'écart du monde et restez en communion avec le Maître, vous ne pourrez pas le quitter. Le langage de votre cœur sera : *Seigneur, à qui irions-nous ? Tu as les paroles de la vie éternelle* (Jean 6:68). Vous ne pourriez pas retourner au monde si vous le traitiez ainsi. Vous sauriez que vous ne pouvez vous tourner que vers Jésus. Mais vous l'avez quitté et vous vous êtes enfui. Vous l'avez oublié pendant des jours sans nombre. Revenez aujourd'hui, tel que vous êtes ! Soyez convaincu que vous n'aurez de repos que lorsque Dieu vous aura rendu la joie de son salut.

Un homme de Cornouailles a rencontré un jour dans la rue un chrétien dont il savait qu'il s'était éloigné. Il s'est approché de lui et lui a dit :

« Dites-moi, est-ce que vous n'avez pas pris vos distances avec le Seigneur Jésus ?

— Si, a dit l'homme en baissant la tête.

— Eh bien, dit le premier, qu'est-ce qu'il vous avait fait ? »

L'homme a répondu par un flot de larmes.

Dans Apocalypse 2:4-5, nous lisons : *Mais ce que j'ai contre toi, c'est que tu as abandonné ton premier amour. Souviens-toi donc d'où tu es tombé, repens-toi et pratique tes premières œuvres. Sinon, je viendrai bientôt à toi et j'enlèverai ton chandelier de sa place, à moins que tu ne changes d'attitude.*

Je tiens à vous mettre en garde contre une erreur que certains commettent concernant *les premières œuvres*. Nombreux sont ceux qui pensent que cela signifie qu'ils doivent revivre la même expérience. C'est ce qui a laissé des milliers de personnes sans repos pendant des mois, dans l'attente du renouvellement de leur première expérience. Vous ne vivrez jamais la même expérience que lors de votre première rencontre avec le Seigneur. Dieu ne se répète jamais. Il n'y a pas deux personnes sur la terre qui se ressemblent ou qui pensent de la même manière. Vous pouvez dire que vous n'arrivez pas à distinguer deux personnes, mais en les connaissant bien, vous pouvez rapidement discerner ce qui les différencie. Ainsi, personne ne vivra la même expérience une seconde fois. Si Dieu veut restaurer sa joie dans votre âme, laissez-le le faire à sa manière. Ne cherchez pas à lui inventer un moyen de vous bénir. Ne vous attendez pas à revivre la même expérience qu'il y a deux ou vingt ans. Vous vivrez une expérience nouvelle, et Dieu agira envers vous à sa manière. Si vous confessez vos péchés et lui dites que vous vous êtes éloigné du chemin de ses commandements, il vous rendra la joie de son salut.

Soyez attentif à la manière dont Pierre est tombé,

car presque tout le monde tombe de la même manière. Je voudrais lancer un avertissement à ceux qui ne sont pas tombés : *que celui qui croit être debout fasse attention à ne pas tomber* (1 Corinthiens 10:12). Il y a vingt-cinq ans, et pendant les cinq premières années qui ont suivi ma conversion, je pensais que, si j'étais capable de rester fort en Christ pendant vingt ans, je n'aurais plus à craindre de tomber. Mais plus on s'approche de la croix, plus le combat est acharné. Satan vise haut. Il s'est approché des douze et a choisi le trésorier, Judas Iscariote, et le principal apôtre, Pierre. La plupart des hommes qui sont tombés l'ont fait de leur côté le plus fort. On m'a dit que le seul côté où le château d'Édimbourg a été assailli avec succès était celui où les rochers étaient les plus abrupts et où la garnison se croyait en sécurité. Si quelqu'un se croit assez fort pour résister au diable à un moment donné, il doit être particulièrement vigilant à cet endroit, car le tentateur passe par là.

Abraham est à la tête de la famille de la foi, et les enfants de la foi peuvent faire remonter leur lignée à Abraham ; pourtant, en Égypte, il a renié sa femme (Genèse 12). Moïse était réputé pour sa douceur, mais la terre promise lui a été refusée à cause d'un acte et d'une parole précipités : le Seigneur lui avait ordonné de parler au rocher afin que l'assemblée et ses bêtes aient de l'eau à boire. *Écoutez donc, rebelles ! Est-ce de ce rocher que nous ferons sortir de l'eau pour vous ?* (Nombres 20:10).

Élie était remarquable par son audace, et pourtant, comme un lâche, il est parti à une journée de marche dans le désert et s'est caché sous un genévrier en demandant la mort, à cause d'un message reçu d'une femme (1 Rois 19). Soyons prudents. Quel que soit l'homme — qu'il soit en charge de la prédication ou à un autre poste élevé — s'il devient prétentieux, il tombera à coup sûr. Nous, disciples du Christ, devons prier constamment pour être rendus humbles et le rester. Dieu a fait briller le visage de Moïse afin que ce soit visible aux autres hommes, mais Moïse lui-même ne savait pas que son visage brillait. Plus une personne est sainte de cœur, plus sa vie quotidienne, semblable à celle du Christ, et son amour pour Dieu seront clairement perçus par le monde extérieur. Certains parlent de leur humilité, mais s'ils sont véritablement humbles, ils n'auront pas besoin de l'annoncer. Un phare n'a pas besoin de tambour ni de trompette pour signaler qu'il est proche ; il est son propre témoin. Si nous avons la vraie lumière en nous, elle se manifestera. Ceux qui font le plus de bruit ne sont pas ceux qui ont le plus de piété.

Il y a un ruisseau, ou un petit « burn », comme l'appellent les Écossais, non loin de chez moi. Après une forte pluie, on entend de loin le ruissellement de ses eaux ; mais quelques jours de beau temps suffisent pour que le ruisseau devienne presque silencieux. Il y a aussi une rivière près de chez moi, dont le courant est discret et qui poursuit son cours profond et majestueux toute l'année. Nous devrions avoir en nous un si grand amour de Dieu que sa présence soit évidente sans que nous ayons à le proclamer haut et fort.

La première étape de la chute de Pierre fut sa confiance en lui-même. Le Seigneur l'a averti : *Simon, Simon, Satan vous a réclamés pour vous passer au crible comme le blé. Mais moi, j'ai prié pour toi, afin que ta foi ne disparaisse pas* (Luc 22:31-32). Mais Pierre a répondu : *Seigneur, je suis prêt à aller en prison avec toi, et même jusqu'à la mort* (Luc 22:33). *Même si tous trébuchent à cause de toi, ce ne sera jamais mon cas* (Matthieu 26:33). « Jacques, Jean et les autres peuvent te quitter, mais tu peux compter sur moi ! » Mais le Seigneur l'a averti : *Pierre, je te le dis, le coq ne chantera pas aujourd'hui avant que tu n'aies trois fois nié me connaître* (Luc 22:34).

Bien que le Seigneur l'ait réprimandé, Pierre s'est dit prêt à le suivre jusqu'à la mort. Cette vantardise est trop souvent le signe avant-coureur d'une chute. Marchons humblement et avec douceur. Nous avons un grand tentateur, et à un moment d'inattention, nous risquons de trébucher, de tomber et de faire honte au Christ.

L'étape suivante de la chute de Pierre fut son sommeil. Si Satan peut endormir l'Église, il accomplit son œuvre par l'intermédiaire du peuple de Dieu. Au lieu de veiller une courte heure à Gethsémané, Pierre s'est endormi. Le Seigneur lui a alors dit : *Vous n'avez donc pas pu rester éveillés une seule heure avec moi !* (Matthieu 26:40). Ensuite, il s'est battu en utilisant la force de sa nature pécheresse. À nouveau, le Seigneur l'a réprimandé en disant : *Remets ton épée à sa place, car tous ceux qui prendront l'épée mourront par l'épée* (Matthieu 26:52). Jésus a dû réparer ce que Pierre avait fait. Ensuite, *Pierre le suivit de loin* (Matthieu 26:58). Pas à pas, le voici qui s'éloigne. C'est triste qu'un enfant de Dieu suive Jésus de loin. Quand on le voit fréquenter des amis mondains et dépenser son énergie du mauvais côté, c'est qu'il suit Jésus de loin. Bientôt, la honte s'abattra sur le nom d'une famille honorable, et Jésus-Christ sera blessé dans la maison de ses amis. Cette personne, par son exemple, fera trébucher et tomber d'autres personnes.

Ensuite, voici Pierre qui se montre familier et amical avec les ennemis du Christ. Une servante dit à cet audacieux Pierre : *Toi aussi, tu étais avec Jésus le Galiléen. Mais il le nia devant tous en disant : « Je ne sais pas ce que tu veux dire. » Comme il se dirigeait vers la porte, une autre servante le vit et dit à ceux qui se trouvaient là : « Cet homme aussi était avec Jésus de Nazareth. » Il le nia de nouveau, avec serment : « Je ne connais pas cet homme. »* (Matthieu 26:69-72).

Une heure encore s'est écoulée, et Pierre ne comprenait toujours pas où il en était. Lorsqu'un autre a affirmé avec assurance que les paroles de Pierre trahissaient son origine galiléenne, il s'est mis en colère : *Alors il se mit à jurer en lançant des malédictions*, et en reniant de nouveau son Maître. *Aussitôt, un coq chanta* (Matthieu 26:73-74).

Pierre, parti du sommet de la vanité, en est descendu pas à pas jusqu'à éclater en malédictions et jurer qu'il n'avait jamais connu son Seigneur.

Le Maître aurait pu se tourner vers lui et lui dire : « Est-il vrai, Pierre, que tu m'as oublié si vite ? Ne te souviens-tu pas du temps où ta belle-mère était malade de la fièvre, où j'ai parlé sévèrement à la maladie, et où celle-ci l'a quittée (Matthieu 8:14-15) ? Ne te souviens-tu pas de ton étonnement lorsque tu as attrapé tellement de poissons que tu t'es écrié : *Seigneur, éloigne-toi de*

*moi, parce que je suis un homme pécheur* (Luc 5:8) ?
Te souviens-tu du temps où, en réponse à ton cri :
*Seigneur, sauve-moi !* j'ai étendu ma main et t'ai empê-
ché de te noyer dans l'eau (Matthieu 14:30-31) ? As-tu
oublié quand, sur la montagne de la Transfiguration
avec Jacques et Jean, tu m'as dit : *Seigneur, il est bon
que nous soyons ici. Si tu le veux, faisons ici trois abris*
(Matthieu 17:4) ? As-tu oublié que tu étais avec moi à
la table du souper et à Gethsémané ? Est-ce bien cela ?
Est-il vrai que tu m'as oublié si vite ? » Le Seigneur aurait
pu le réprimander avec de telles questions, mais il n'en
a rien fait. Il a jeté un regard à Pierre, et il y avait tant
d'amour dans ce regard que ce disciple audacieux en
a eu le cœur brisé ; il est sorti et a pleuré amèrement.

Après sa résurrection, remarquez avec quelle tendresse le Christ a traité le disciple égaré. L'ange présent
au sépulcre a dit : *Allez dire à ses disciples et à Pierre...*
(Marc 16:7). Le Seigneur n'a pas oublié Pierre, bien
que celui-ci l'ait renié trois fois, et il a transmis ce
message bienveillant et spécial au disciple repentant.
Quel Sauveur tendre et aimant nous avons !

Cher lecteur, chère lectrice, si vous faites partie des
égarés, laissez le regard aimant du Maître vous reconquérir. Qu'il vous rende la joie de son salut.

Avant de conclure, permettez-moi de prier pour
que Dieu rétablisse les chrétiens égarés qui liront ces
pages et qui pourraient devenir des membres utiles de
la société et de brillants ornements de l'Église à l'avenir. Nous n'aurions jamais eu le Psaume trente-deux si
David n'avait pas été pardonné : *Heureux celui dont la
transgression est enlevée et dont le péché est pardonné !*

(Psaume 32:1). Sans l'amour de Dieu, nous n'aurions pas ce magnifique Psaume cinquante et un, écrit par le même David après avoir été pardonné. Nous n'aurions pas non plus eu ce merveilleux sermon du jour de la Pentecôte, où trois mille personnes se sont converties, et qui a été prêché par un autre enfant de Dieu égaré puis pardonné (Actes 2).

Que Dieu rétablisse les autres chrétiens égarés et les rende mille fois plus utiles à sa gloire qu'ils ne l'ont jamais été auparavant. Si vous ne connaissez pas Jésus ou si vous vous êtes éloigné de lui, tournez-vous vers lui aujourd'hui !

# À propos de l'auteur

Dwight L. Moody, déterminé à faire fortune, est
arrivé à Chicago et a commencé à vendre des
chaussures. Mais le Christ l'a trouvé et il a réorienté
son énergie vers un ministère à plein temps. Et quel
ministère ! Aujourd'hui encore, le nom de Moody orne
une église, une mission, une université et bien plus.
Moody aimait Dieu et les hommes, et la puissance d'un
tel amour influence des générations.

www.ingramcontent.com/pod-product-compliance
Lightning Source LLC
Chambersburg PA
CBHW061758120626
46550CB00005B/2041